Gerda und Rüdiger Maschwitz

Von Phantasiereise bis Körperarbeit

Existenzielle Methoden – gekonnt eingesetzt

Ein Handbuch für die Praxis

Kösel-Verlag

Druck und Bindung: Kösel, Krugzell
Umschlagmotiv: Getty Images, München
Umschlag: fuchs_design, München
ISBN 3-466-36666-6

Gedruckt auf umweltfreundlich hergestelltem Werkdruckpapier (säurefrei und chlorfrei gebleicht)

Inhalt

Dank und Einladung

Vielen Menschen haben wir zu danken, die an diesem Buch mitgewirkt haben, direkt und indirekt.

Die Idee zu diesem Buch entstand mit der Erkenntnis, dass es Methoden gibt, die in sich einen existenziellen und spirituellen Aspekt enthalten. Diese Entdeckung geschah allmählich, aber in einer Gesprächsrunde, bei der Vorbereitung eines Langzeitkurses für Mitarbeitende im Arbeitsfeld »Kirche mit Kindern«, stand plötzlich dieser Begriff der »existenziellen Methoden« im Raum und hat sich dann bei uns festgesetzt. Deshalb herzlichen Dank an dieser Stelle für die intensive Zusammenarbeit im haupt- und ehrenamtlichen Team im Arbeitsfeld »Kirche mit Kindern«, die sehr anregend und offen, klar und förderlich, freundschaftlich und doch kritisch ist. Wir haben diese Erkenntnis weitergedacht, ausgearbeitet und überprüft. Bei vielen Seminaren und Vorträgen haben wir das Modell vorgestellt und diskutiert. Die Resonanz war intensiv und zustimmend.

Für die konkrete Mitwirkung an diesem Buch danken wir *Frauke Bürgers, Uwe Huchthausen, Hartmut Kapteina, Alexandra Koch-Scheifers* und *Elisabeth Schubarth,* die zu ihrem Fachgebiet einen Beitrag beigesteuert haben. Wir danken nicht nur für diese Artikel und die Bereicherung durch diese Zusammenarbeit, sondern auch für die Auseinandersetzung mit unseren Thesen. Die Beiträge haben uns in unserem Konzept bestätigt. Jeder beschreibt ganz persönlich und mit dem eigenen Arbeitsschwerpunkt eine bestimmte existenzielle Methode.

Trotz allem braucht es dann noch die Ermutigung von außen, dass es hilfreich sein kann, anderen diese Ideen weiterzugeben. Dafür möchten wir unserem langjährigen Lektor *Winfried Nonhoff* für seine inspirierende und unterstützende Begleitung danken.

So liegt nun ein Buch vor Ihnen, das Sie mit diesen Beiträgen für ihre Praxis anregen, unterstützen und fördern, ja auch herausfordern will. Besonders wichtig war uns die Beobachtung, dass alle Methoden einfach beginnen und dann durch die zunehmende Erfahrung komplexer und intensiver werden. Somit kann jeder und jede einfach beginnen und vieles ausprobieren, muss sich aber dann spezialisieren. Dabei ist keine der Methoden eine starre Technik, sondern jeweils ein Weg, den wir mit unserer ganzen Persönlichkeit gestalten und gehen. Auf jedem Weg geschieht unterwegs Überraschendes, sodass Flexibilität und Kompetenz notwendig und erforderlich sind und gleichzeitig auch wachsen. So dürfen wir alle verantwortliche Generalisten in vielen Feldern sein und können zu kreativen Spezialisten in einigen wenigen Arbeitsfeldern werden. Aber eines sollten wir vermeiden: aus Unwissenheit oder Ignoranz mit Menschen unverantwortlich und dilettantisch umzugehen.

Wir wünschen uns, dass dies ein Buch aus der Praxis für die Praxis wird und die pädagogische und spirituelle Praxis mit Menschen aller Altersgruppen fördert.

Um den Jahreswechsel 2003/2004 in Hetzenholz

Gerda und Rüdiger Maschwitz

Zur Einstimmung: Eine Einführung

Dieses Buch ist keine klassische Methodenzusammenstellung, sondern ordnet Methoden – besonders religionspädagogische Methoden – in ein Gesamtkonzept ein. Es ist der Versuch einer Methodenlehre im Kontext einer neuen Sinn-, Gestaltungs- und Verantwortungsebene. Es schreibt unser erstes »Stille-Buch« und die nachfolgenden Werke fort und stellt sie in einen größeren Kontext.

Mit dem Buch »Stille-Übungen mit Kindern« (Kösel 1993) haben wir auf die Wahrnehmung reagiert, dass Kindern zunehmend der innere und äußere Raum fehlt, um innezuhalten und um so über das bewusste Erleben vom Reagieren zum selbstbewussten Agieren zu kommen. Unsere Antwort darauf war die Einladung, Kraft aus der Stille zu schöpfen. Obwohl viele Kindergärten, Schulen und Gemeinden inzwischen Räume der Stille eingerichtet haben, ist die langfristige und persönlichkeitsrelevante Arbeit aus der Stille damit erst am Anfang. Natürlich freuen wir uns sehr, dass Stille als eine Basis des Lebens wieder mehr in den Vordergrund gerückt ist. Viele haben den persönlichen Gewinn entdeckt, der in der Stille liegt: Indem ich etwas für mich selbst tue, gewinne ich Kraft und Ideen auch für andere. Andere aber haben die Entdeckung der Stille auch als schwierig erlebt. So sehr wir dies immer wieder betont haben, rechneten sie vielleicht nicht damit, dass die Auseinandersetzung mit der Stille und das Einlassen auf persönliche Stille zur Selbstbegegnung, zur Selbsterkenntnis führen kann. Was andere als positiv erlebten, war für sie nicht erwünscht: Sie suchten nach leicht anwendbaren Methoden für andere, die sie selbst nicht berührten. Rezepte für eine schnelle Küche – pädagogisches und religionspädagogisches Fastfood – wollten und konnten wir aber nicht liefern.

Aber es gab auch die Menschen, die die Methoden besser verstehen und so eigenständiger damit umgehen wollten. Daraufhin haben wir drei unserer primären Arbeitsweisen grundsätzlicher ausgeführt und es entstanden Bücher zu einigen unserer Schwerpunkte:

- »Aus der Mitte malen«: heilsame Mandalas
- »Phantasiereisen zum Sinn des Lebens«: eine grundsätzliche und praktische Einführung in die Arbeit mit inneren Bildern und Imaginationen

- »Hellwach und entspannt«: Eutoniegeschichten für Kinder
- Daneben haben wir mit dem Buch für kleine und große Leute: »Gemeinsam Stille entdecken« (Kösel 1995, überarbeitete Neuauflage 2003) die Anregungen der Stille auch in den nicht-pädagogischen Alltag hineingetragen.

Bei all dem hat uns die Fülle der Reaktionen und Nachfragen überrascht und erfreut.

Auf der anderen Seite erstaunte uns in den folgenden Jahren immer wieder, wie sehr Trends und Moden den pädagogischen Markt beherrschen. Vieles wurde aufgegriffen, in ganz unterschiedlicher Weise. In den zahlreichen nachfolgenden Publikationen spiegelte sich dann auch wieder, dass der persönlichkeitsbildende Ansatz oft zu kompliziert war. Es war uns klar, dass unsere Anforderungen an Stille auch die Pädagoginnen und Pädagogen herausforderten. Es war uns nicht klar, dass in vielen Bereichen nur sofort Verwertbares gesucht und übernommen wurde, möglichst ohne den theoretischen Hintergrund und ohne Tiefe. So wurden die einzelnen Zugangswege oft nur niedrigschwellig eingesetzt und damit viele Chancen vertan, weil die weiterführenden, prozessorientierten Anwendungsmöglichkeiten nicht genutzt wurden. Einzelne Methoden wurden entwertet, indem sie den Rang eines Pausenfüllers erhielten. Wie oft wurden Mandalas einfach zum Ausmalen verteilt, wie oft Phantasiereisen mal eben zur Entspannung angeleitet, ohne selbst je damit Erfahrungen gemacht zu haben, wie oft wurde Stille eingeklagt und der Anleitende zappelte als Einziger herum.

Anfragen an die jeweilige Praxis

Manche Auseinandersetzungen, so etwa über den pauschalen Einsatz von Entspannungsübungen, sind kaum geführt worden. Unsere Anfrage: »Warum sollen schlappe (schlaffe) Kinder, also Kinder mit Unterspannung, die in jeder Klasse sind, noch entspannt werden?« ist so gut wie nie von den Entspannungsbefürwortern und Autoren beantwortet worden.

Auch heute steht für viele noch die Frage im Vordergrund: »Wie bekomme ich die auffälligen Kinder ruhig?« und nicht »Wie kann ich helfen, dass die Kinder sich selbst wahrnehmen und dadurch verändern?« Dabei spielt es – neben den sicherlich faktisch oft begrenzten Möglichkeiten – eine ganz erhebliche Rolle, ob die Verantwortlichen Chancen zur Entwicklung sehen und geben wollen oder ob es ihnen eher um die Bewältigung der Situation geht.

Wenn es aber um persönliches Wachstum, Reifung und Wandlung geht, ist nur eine prozessorientierte Anwendung der Methoden sinnvoll. Also nicht mal eine Phantasiereise, mal eine Eutoniegeschichte, sondern nur ein sich schrittweise aufbauendes, sich regelmäßig vertiefendes Angebot führt zur Persönlichkeitsbildung und zu Veränderungen. Und dies gilt für die Zusammenarbeit mit Menschen jeden Alters.

Die zweite Anfrage, die wir immer wieder stellten, war, warum die religiöse Dimension, etwa aus den Übungen mit Körperarbeit, Mandalas und Phantasiereisen herausgelassen werden soll und wird? Diese Frage wurde eher oberflächlich beantwortet mit dem generellen Hinweis, dass dies nicht nötig oder ideologisch sei. Beides ist absurd: Ideologie wird etwas, was nicht reflektiert und verändert werden kann. Gerade Veränderung aber ist in allen Übungen, um die es hier geht, intendiert. Uns kommt es so vor, als ob hier ohne religiöse Dimension ein Pferd ohne Beine gesattelt und geritten werden soll. Es fehlt das Tragende, das uns weiterbringt.

Entwicklung fördern

In diesem Buch gehen wir nun einen wesentlichen Schritt weiter. Wir stellen Methoden dar, die die Existenz des Menschen fördern, reflektieren und verändern können, wenn sie prozesshaft begriffen und angeleitet werden. Da diese Methoden den Menschen in seiner Gesamtheit, also als umfassendes Wesen ansprechen wollen, beinhalten sie alle in sich mehr oder weniger auch einen geistlichen, spirituellen Aspekt. Die meisten Methoden sind nicht auf einen Altersbereich festgelegt, sie lassen sich in Variationen in jedem Altersbereich einsetzen.

All diese Methoden sind nicht neu, manche sogar sehr alt, mehr als zweitausend Jahre. Dabei verstehen wir das Wort Methoden – vom griechischen *methodos* – in seinem ursprünglichen Sinne: ein Weg, der Schritt für Schritt gegangen wird. Gemeinsam ist allen Methoden, dass sie zur eigenen Personwerdung hinführen und diese in den Gesamtzusammenhang des Lebens einbetten. Dabei ist der eigene Entwicklungs- und Wachstumsprozess gewünscht und angelegt und dazu möchten wir Mut machen.

Fast alle Teilnehmerinnen und Teilnehmer unserer Langzeitkurse haben am Ende auch über den persönlichen Gewinn gesprochen, den sie selbst davon hatten. Wer die Erfahrungen aus Stillearbeit, Eutonie und Meditation integriert hat, kann aus allen Bereichen Anregungen aufnehmen und sie für sich und andere sinnstiftend einsetzen.

Zum Aufbau

Das Buch beginnt mit einem knappen ersten Teil, in dem wir unser Verständnis von den Grundlagen dieser Methoden darstellen. Sie gehen von der Auseinandersetzung mit der Moderne und Postmoderne aus, beziehen sich u.a. auf Ken Wilber, Jürgen Habermas und ziehen eigene Schlussfolgerungen. Dabei werden Kriterien deutlich, die eine sinnvolle und intensive pädagogische Praxis beschreiben. Wer dies sucht, findet in diesem Buch übersichtliche theoretische und praktische Anregungen: Im zweiten Teil folgen konzentrierte, grundlegende und zugleich praxisorientierte Einführungen in verschiedene existenzielle Methoden. Die Bandbreite ist groß: Es geht dabei um das Erzählen, um Malen und Gestalten, um Interaktionsübungen und -spiele, um Tanzen und Klangerfahrungen, um körperbetonte Methoden ebenso wie um Imaginationen und Meditation. Für einzelne Kapitel haben wir dabei ausgewiesene Fachleute um ihre Mitarbeit gebeten. So hoffen wir, mit diesem Buch ein hilfreiches Kompendium zur pädagogischen Arbeit mit existenziellen Methoden vorgelegt zu haben.

Eine Nachbemerkung zur schulischen Situation

Wir wissen selbst genau, unter welch schwierigen politischen Rahmenbedingungen ErzieherInnen und Lehrkräfte oft arbeiten müssen. Damit kennen wir auch die Grenzen unserer Vorschläge, aber es lohnt sich – das Unmögliche möglich werden zu lassen. Sicher wäre das einzig verantwortliche und wegweisende Konzept, Gruppen und Klassen zu verkleinern, mehr Personal einzustellen und atmosphärisch wertvolle Räume zur Verfügung zu stellen.

SchülerInnen und LehrerInnen brauchen Zeit und Überschaubarkeit für eine Beziehungsarbeit, die den Unterricht und das Lernen trägt. Aber dies ist – entgegen manchen Versprechungen – in der derzeitigen Politik und egal von welcher Parteienlandschaft kaum zu erwarten.

Oft ist auch die alters- und geschlechtsbezogene Mischung der Lehrkräfte für die Kollegien selbst und für die Kinder und Jugendlichen nicht günstig. So erleben Jungen und Mädchen bis zum 10. Lebensjahr als pädagogische Betreuungspersonen fast ausschließlich Frauen und viele Schulkollegien haben ein hohes Durchschittsalter. Bei unserer jüngsten Tochter gab es eine Phase in der Schule, in der der jüngste Lehrer Mitte 50 war. Eine gute Mischung zwischen Elan und Weisheit wäre für alle förderlich und wünschenswert.

Trotz alledem – es ist notwendig, notwendend, mit der Kraft, die wir haben, die Gestaltungsräume zu nutzen und Schule als Raum zur Persönlichkeitsreifung zu begreifen.

Und noch einmal als Ermutigung: Jede Aus- und Fortbildung in den hier vorgestellten Methoden nützt und fördert zuallererst dem, der daran teilnimmt.

Teil 1

Grundlegungen

Was sind existenzielle Methoden?

»Existenziell heißt: den Grund berühren, auf den ich mein Leben aufbaue.« Dieser Satz charakterisiert den Kern und das Ziel unserer Arbeit.

In den letzten fünfzehn Jahren haben wir immer intensiver mit Methoden gearbeitet, die den Teilnehmenden bei Seminaren, Schulungen und Fortbildungen direkte und intensive inhaltliche und persönliche Erfahrungen vermittelten. In einem Arbeitsgespräch fiel eines Tages dafür das Wort »existenzielle Methoden«. Wir haben damit in unserem Arbeitsteam zunächst einmal alle Arbeitsformen umschrieben, die einen direkten Zugang zu eigenem intensiven Erleben eines Inhaltes ermöglichten.

Dies war eine erste und allgemeine Beschreibung und der Ausgangspunkt dessen, was wir in diesem Buch unter existenziellen Methoden verstehen. Wir haben diesen Begriff aufgenommen, weitergeführt und reflektiert und seine Bedingungen festgelegt:

Existenzielle Methoden berühren den Menschen als Ganzheit.

Sie sind:

- prozesshaft
- erfahrungsorientiert
- individuell und gruppenbezogen einsetzbar
- von vornherein inhaltlich ausgerichtet
- ansteigend in der Intensität
- schöpferisch, kreativ
- auf alle Sinne bezogen
- spirituell
- reflektierbar
- nicht altersgebunden, aber altersgemäß einzusetzen

Daraus folgt:

- Existenzielle Methoden gehen auf ein Ziel zu, das einerseits formuliert ist und das sich andererseits im Prozess verändert.

- Der Weg und das Ziel sind nicht nur eine Einheit, sondern das Ziel ist im Weg, der gegangen wird, schon definitiv enthalten.
- Die Teilnehmenden bewegen sich also nicht durch die Methode auf ein End-Ziel hin, sondern jeder Schritt der Methoden ist inhaltliche Erfüllung. Dies ist etwas anderes als pädagogisch aufgestellte Teilziele, die es zu erreichen gilt.
- Die Teilnehmenden gestalten im Prozess der Methode auto-matisch, also aus sich selbst heraus, das Ziel mit.
- Die Leitenden übernehmen die Gestaltung und Verantwortung des Prozesses und sind offen für die inhaltliche Entwicklung, die sich aus dem Dialog von Teilnehmenden und Methode ergibt.
- Die Methode ist mit bestimmten Inhalten verknüpft, also dem weiteren thematischen Aspekt, um den es geht. (Dies bedeutet z.B. im Bibliodrama, dass die Thematik aus dem biblischen Kontext gewählt ist.)
- Die Methoden ermöglichen es, lebensgeschichtliche Aspekte und thematische Aspekte in Beziehung zu setzen, beziehungsweise sich berühren zu lassen.
- Existenzielle Methoden sind keine Therapie und wollen es auch nicht sein, sondern bieten Anstöße und Raum zur persönlichen Reifung.
- Sie haben Angebotscharakter und sind immer freiwillig: wenn, z. B. in der Schule ein Schüler/eine Schülerin nicht mitmachen will, kann er/sie sich mit der entsprechenden Thematik auf einem anderen Weg auseinander setzen.

Wir haben seit Beginn der Siebzigerjahre – zuerst noch als Studenten – selbst hautnah erlebt, wie einige der existenziellen Methoden (z.B. Bibliodrama) entstanden sind und wie aus therapeutischen Konzepten (z.B. Imagination) pädagogische Arbeitsformen wurden (Phantasiereisen). Die Körperarbeit wurde zum therapeutischen Konzept (Dürckheim, Downing, Keleman), zum somatopsychischen Lernprozess (Eutonie, Feldenkrais, F.M. Alexander-Technik), zur thematischen pädagogischen Arbeitsform und zum Entspannungstraining.

Wir haben damals gerade Pädagogik studiert und gewisse Grundhaltungen und Einsichten aus dieser Zeit begleiten uns bis heute. Es sei hier beispielsweise vor allem an Heinrich Roths Pädagogische Anthropologie erinnert. Im

Rahmen der Formulierung der »existenziellen Methoden« stellten sich uns aber einige Fragen an die Grundsätze der Pädagogik:

- Verändert sich das Primat der Didaktik vor der Methodik (Klafki) ?
- Gibt es nicht zumindest eine Gleichrangigkeit von Didaktik und Methode?
- Oder beinhalten existenzielle Methoden nicht schon didaktische Grundlagen?

Letzteres würde bedeuten, dass mit der Auswahl der Methode auch schon eine didaktische Grundentscheidung getroffen wurde. De facto ist dies in der Praxis schon längst der Fall, da Ausbildungen in existenziellen Methoden, also etwa in Bibliodrama, Eutonie oder Imagination, ein Primat der Methode gegenüber dem Inhalt und damit der Didaktik andeuten.

Erstrebenswert ist eine Gleichrangigkeit von Weg und Ziel, also von Methodik und Didaktik. Es reicht nicht aus, wenn der Weg das Ziel ist, sondern der Weg braucht auch das Ziel, um nicht orientierungslos zu werden. Das Ziel ergibt sich im pädagogischen Bereich durch das Menschenbild, das allem Denken und Handeln zugrunde liegt.

Existenzielle Methoden und die Frage der Ganzheitlichkeit

Unsere Ausgangsthese ist: Existenzielle Methoden sprechen Körper, Seele, Geist (geistig) und das Spirituelle (geistlich) an. Das wollen wir im Folgenden näher ausfalten und begründen.

Körper, Geist und Seele – die drei traditionellen Ebenen menschlichen Seins

Wenn wir sagen, dass existenzielle Methoden den ganzen Menschen ansprechen, so stellt sich sofort die Frage, was denn »der ganze Mensch« ist, was also die Ganzheitlichkeit des Menschen ausmacht. Dieser Frage sind wir auf Grund unserer Erfahrung mit vielen Menschen, die wir in Seminaren und darüber hinaus begleitet haben, nachgegangen.

Traditionell werden mit den Begriffen Körper, Seele und Geist die drei Dimensionen der Existenz benannt, in denen der Mensch die Wirklichkeit erfährt.

Diese drei Ebenen bilden eine sich überlappende und ergänzende Einheit. Zum Menschsein gehört also:

- die körperliche Seins-Ebene
- die seelische Seins-Ebene und
- die rational-geistige Seins-Ebene.

Diese drei Seins-Ebenen sind grundlegend für jede pädagogische und geistliche Praxis und Theoriebildung, denn der Mensch wird krank bzw. gestört, wenn eine dieser drei Ebenen fehlt:

- Wir erleben die Welt in und mit unserem Körper.
- Wir erleben die Welt in und mit unserer Seele.
- Wir erleben die Welt in und mit unserem Verstand, mit unserem Geist.

These 1:

Wo Leben eine dieser drei Ebenen ausklammert, ist die Gefahr einer körperlichen oder seelischen oder geistigen Fehlentwicklung bis hin zur Krankheit groß.

Die vierte Ebene menschlichen Seins

Ken Wilber, amerikanischer Schriftsteller und ein wichtiger Theoretiker spiritueller Praxis und menschlicher Bewusstseinsentwicklung, hat überlegt, ob die Beschreibung des Menschseins durch diese drei Ebenen wirklich stimmt. Es lohnt sich, diese Frage aufzugreifen und darüber nachzudenken.

Wenn man in der Geschichte ein Stück zurückgeht, entdeckt man, dass der Begriff des Geistes eine Wandlung durchgemacht hat. Die abendländische Tradition, die Theologie und die Philosophie, hat das Wort Geist seit der Aufklärung und mit der Entwicklung der Naturwissenschaft immer mehr auf die Ebene und Wirkung von menschlichem Geist = ratio eingeengt. Die Ratio wurde zur wesentlichen Dimension des Menschseins, sie hat den ganzen Wissenschaftsbegriff geprägt und beschäftigt die Philosophie bis heute.

Bis zur Aufklärung umfasste der Begriff »Geist« allerdings immer zwei Aspekte, die in der Philosophie Kants und Hegels durchaus noch präsent sind: geistig und geistlich. Das Wesen der Aufklärung bestand in der Entdeckung und Hervorhebung des Geistes als Ratio und in der Entdeckung des Subjekts (Habermas). Das Geistliche war demgegenüber mehr dem persönlichen Glauben zugehörig und bezog sich auf eine allerletzte (nicht diskutierbare) göttliche Wirklichkeit. Der Protestantismus hat diese Entdeckung des Geistes (im Sinne von Ratio) gefördert und aufgenommen. Seine Stärke hatte der Protestantismus dort, wo er keinen Widerspruch zwischen geistig und geistlich sah, sondern diese als Einheit erkannte. So wie der Mensch auf zwei Beinen läuft und dies sehr förderlich ist, so lebt der Mensch aus der doppelten Wirklichkeit des Geistes: Es gibt des Menschen Geist und Gottes Geist.

Mit Marx und Freud begann die Religionskritik jede Form von Religion – sowohl gesellschaftlich als auch persönlich – für pathologisch, also für schädigend zu halten. Beide sind hier von der Auseinandersetzung mit ihrer eigenen religiösen Herkunft und der gesellschaftlichen wie individuellen Wirklichkeit geprägt. Beide Richtungen – der Marxismus wie die Freudsche Psychoanalyse – hatten fatale Auswirkungen für das heutige Verständnis des Religiösen und für das persönliche geistliche Leben. Es kommt in ihrer Nachfolge – bis in die

Postmoderne hinein – zu der Überzeugung, dass das Religiöse schlicht und einfach zu überwinden sei. Der moderne und aufgeklärte Mensch brauche keine Religion.

Jürgen Habermas kommentierte in seiner Dankesrede zur Verleihung des Friedenspreises des Deutschen Buchhandels 2001 bestechend: »Als sich Sünde in Schuld, das Vergehen gegen göttliche Gebote in den Verstoß gegen menschliche Gesetze verwandelte, ging etwas verloren. Denn mit dem Wunsch nach Verzeihung verbindet sich immer noch der unsentimentale Wunsch, das anderen zugefügte Leid ungeschehen zu machen. Erst recht beunruhigt uns die Irreversibilität vergangenen Leidens – jenes Unrecht an den unschuldig Misshandelten, Entwürdigten und Ermordeten, das über jedes Maß menschenmöglicher Wiedergutmachung hinausgeht. Die verlorene Hoffnung auf Resurrektion [Auferstehung] hinterlässt eine spürbare Leere.« (Jürgen Habermas, Glauben und Wissen, Frankfurt: edition suhrkamp 2001, S. 24)

Erst in den letzten zwei Jahrzehnten, in der Nachfolge von C.G. Jung und in der Auseinandersetzung mit christlicher Mystik und nicht-christlichen Religionen, gelangte das Geistliche als eigene Dimension wieder ins Bewusstsein. Kinder brauchen nicht nur Religion – dies ist in der religionspädagogischen Diskussion (fast) unumstritten, sondern es stellt sich die Frage, ob die geistliche Ebene nicht die vierte grundlegende Ebene des Menschseins ist.

Mit der Reduktion des Geistes auf die Verstandes-Ebene verliert der Mensch die religiöse Dimension. Sie wird ihm als Grundlage abgesprochen. Obwohl wir hier vorrangig vom Wandel des Geist-Begriffes gesprochen haben, könnten wir Ähnliches für den Begriff der Seele im gleichen Zeitraum anführen. Aus der vom göttlichen Seelenfunken belebten Psyche des Menschen ist ein statistisch beschreibbarer Funktionsapparat Psyche geworden. Die vierte Seinsebene, die im Englischen durch den Begriff »spirit« leichter von dem Begriff »mind« zu trennen ist, umfasst somit die ursprünglich integrierten und heute oft verneinten spirituellen Anteile der körperlichen, seelischen und geistigen Seinsebene.

Bislang wird überhaupt nicht ausreichend diskutiert, welche Konsequenzen die Rückbesinnung auf die geistliche Dimension des Lebens für die eigene spirituelle Praxis, für den Glauben hat. Ganz abgesehen davon, verändert diese Rückbesinnung die Religionspädagogik tief greifend.

Argumente für die geistliche Seins-Ebene aus christlicher Sicht

Mystische Tradition

Die mystische Tradition des Christentums seit den Kirchenvätern und -müttern geht grundlegend davon aus, dass Gott im Menschen anwesend ist. Gott ist erfahrbar. Diese Erfahrung hält – etwa in der geistlichen Begleitung, die von grundlegender Bedeutung ist – der Reflexion und Fragen stand. Zur mystischen Tradition gehört immer auch die Unterscheidung der Geister (Menschengeist und Gottes Geist) und das Durchschauen von Illusionen.

Biblische Tradition

Gott inkarniert sich in jedem Menschen. Der Mensch ist das Ebenbild Gottes, er ist Partner und Partnerin Gottes. Die biblische Tradition beschreibt diese Inkarnation in zwei fantastischen Bildern: Gott haucht dem Menschen bei der Schöpfung den Atem ein; bei der Taufe Jesu öffnet sich der Himmel und Gott sagt (nicht nur zu Jesus): »Du bist mein geliebtes Kind.« Der Mensch ist frei, dies anzunehmen oder nicht.

Christliches Menschenbild

Vom christlichen Menschenbild her ergeben sich zwei Fragenstränge:

- Wird Glaube gelernt, erworben, oder gibt es Veranlagung zum Glauben, wird das Bedürfnis mitgebracht bei der Geburt oder ist es ein Reiz-Reaktions-Schema? Oder anders gefragt: Ist das religiöse Bedürfnis insgesamt durch die Lern-Theorien zu erklären? Dann wäre alles Religiöse durch Lernen erworben und letztlich durch andere lernbare Systeme ersetzbar.
- Die zweite Fragenebene ist ungleich komplexer: Könnte es sein, dass das Religiöse den Menschen als Seinsweise umgibt und er das Religiöse durch seine Erfahrung in sich aufnimmt? Geschieht nicht vielleicht eine Inkarnation Gottes/Christi in den Menschen bzw. in die Schöpfung und ist es nicht das, was Jesus im Johannesevangelium sagt: »Wenn ich nun weggehe, schicke ich euch meinen Tröster, meinen Geist, und der wird für immer bei euch, in euch und mit euch sein«. Und bedarf diese Inkarnation nicht der Begleitung, Bildung, Erziehung, Erfahrung, Reflexion?

These 2:

Es gibt vier Seins-Ebenen, die zusammen ein Ganzes bilden und die in der geistlichen Praxis alle vier zu berücksichtigen sind, damit Erfahrungen des Glaubens nicht auf wenige Bereiche des Menschseins reduziert werden. Gelebter Glaube ist ganzheitlich. Umgekehrt führt die Nicht-Berücksichtigung der geistlichen Dimension des Lebens zu persönlichen und gesellschaftlichen Krisen, zu Schädigungen und Sinnkrisen.

Der gesellschaftliche Sinnverlust hat letztlich seine Ursache im Verlust der geistlichen Dimension des Menschseins: Es ist nicht nur ein Verlust von Ethik, sondern der Verlust des »Allerletzten«, das sinnstiftend ist und trägt.

Persönlich bedauern wir es sehr, dass der christliche Glaube mit seinen Chancen und heilsamen Grundhaltungen (etwa Vertrauen auf Gottes Gnade, Stehen zur Unvollkommenheit des Menschen, direkter Zugang zu Gott und Christus, vorbehaltlose Bejahung der Partnerschaft und Sexualität, Glaube im Alltag – Übung als Weg in der Welt) gerade suchenden Menschen in der Weise, wie ihnen Glaube und Kirche begegnen, oft so wenig gibt. Hier setzen die Chancen der existenziellen Methoden an. Sie gehen davon aus, dass die göttliche Wirklichkeit uns umgibt und dass es gilt, sie auf allen Ebenen des Seins erfahrbar zu machen. Hier ist der Quantensprung vom Geist zum Geist (Gottes) nötig:

These 3:

Nicht das Wissen um Gott (oder um Gnade) ist Glauben, sondern die Erfahrungen mit Gott, mit Gnade sind Glauben.

Die Ich-Wir-Du-Entwicklung des Menschen

Wenn der Mensch in seiner Ganzheit aus den vier genannten Seinserfahrungen lebt, muss seine Entwicklung alle Ebenen umfassen. Dies nimmt die folgende Grafik auf:

- Die Entwicklung des Seins hat eine horizontale Verbindungslinie, die alle vier Bereiche berührt. Sie verbindet die Menschen untereinander, man kann diese Ebene »Wir-Linie« nennen oder auch Gemeinschaftsebene.

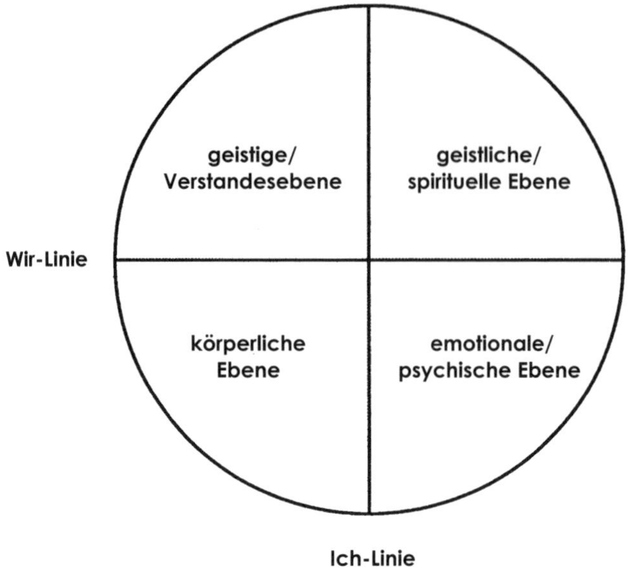

- Die senkrechte Verbindungslinie, die »Ich-Linie«, berührt wiederum alle Ebenen. Sie beschreibt das Werden der eigenen Identität. Identität umfasst so die Entwicklung und Integration der persönlichen Erfahrungen (gelungene und misslungene) auf allen vier Seins-Ebenen. Sowohl durch die Ich-Erfahrungen als auch durch die Wir-Erfahrungen wird der Mensch beziehungsfähig, seine Reifung ermöglicht ihm, die Beziehung zum Du des Anderen und dem Du Gottes auf- und anzunehmen und zu gestalten. Dabei wird die Identität nicht aufgegeben, sondern sie ist Voraussetzung des geistlichen Prozesses: Wer »Ich« geworden ist, kann sich angstfreier auf die Wirklichkeit Gottes einlassen, weil seine Lebensgeschichte und seine spirituelle Geschichte sich nicht stören, sondern befruchten. Deshalb setzen existenzielle Methoden immer bei der Person an und vertrauen darauf, dass die göttliche Dimension in der Person durchklingt, durchtönt (lat. per-sonare).

Phasen des individuellen Bewusstseins und kollektiver Entwicklung

Die vier Seins-Ebenen als dynamischer Entwicklungsprozess

Die menschliche Entwicklung hat in ihrem Verlauf unterschiedliche Schwerpunkte. Sehr vereinfacht gesagt: Wir entwickeln uns körperlich, seelisch, geistig und geistlich dynamisch und doch aufeinander aufbauend. Ich möchte hier nicht die moderne Entwicklungspsychologie zusammenfassen, sondern anhand eines grafischen Modells das Ineinander und Aufeinander der Entwicklung zeigen.

Das Modell beginnt mit dem ersten Kreis (körperliche Ebene). Der zweite Entwicklungskreis (seelische Ebene) nimmt in seinem Wachstumsprozess die erste Ebene auf. Auch die erste Ebene entwickelt sich weiter, aber sie ist in den nächsten Schritt integriert. Es folgt die geistige Entwicklungsebene, die auch die beiden vorhergehenden Ebenen umfasst und fördert. Die vierte Ebene, die geistliche Ebene, integriert die drei vorangegangenen Ebenen, umfasst sie wiederum und schreibt sie gleichsam fort. Es löst also nicht eine Entwicklungsebene die nächste ab. Vielmehr umfasst eine Reifung auf der folgenden Ebene immer auch eine Reifung und Weiterentwicklung auf den vorangegangenen Ebenen (hier liegt ein deutlicher Unterschied zu Ken Wilber, der eher ein hierarchisch aufeinander aufbauendes System befürwortet).

Damit wird deutlich, warum existenzielle Methoden das Wachsen und Werden des Menschen zu jeder Zeit und von jeder Seins-Ebene aus fördern und dass der Mensch sich ganzheitlich entwickelt. Jede Entwicklungsstufe integriert die vorhergehende.

These 4:

Je nachdem, wie das Leben gestaltet wird, ist die Grundhaltung des Menschen regressiv oder beharrend oder wandelnd.

Existenzielle Methoden fördern die Differenzierung und die Integration der vorhergehenden Phase, sie sind auf Entwicklung und Wandlung ausgerichtet.

Oft wird uns die Frage gestellt: Gilt dies denn auch für das Altern? Auch wenn seelisches, geistiges und geistliches Wachsen geschehen kann, solange keine Demenz vorliegt, so gibt es im Alter aber doch eine körperliche Regression, einen körperlichen Rückschritt, der sicherlich kaum als Wachstumsprozess verstanden werden kann.

Unsere Antwort: Liegt nicht in der Verlangsamung, die im Alter geschieht, und in der körperlichen Beschränkung gerade die Möglichkeit eines Zuwachses, einer Zentrierung auf das Wesentliche – also eine Intensivierung des Seelischen, Geistigen und Geistlichen?

Die mangelnde Berücksichtigung dieser Qualitäten, die gerade der älter werdende Mensch zum Beispiel in vielen Wirtschaftsbereichen einbringen könnte, wird – ohne prophetische Gaben in Anspruch zu nehmen – langfristig mit einem Verlust von Know-How, Innovation, Kontinuität und Erfahrung bitter bezahlt werden. Das Neue und das Gestrige, das Junge und das Alte, die Innovation und die Tradition schaffen nur gemeinsam in jedem einzelnen Menschen und in der Gemeinschaft der Menschen Lebenswertes und Förderliches. Schöpferisches entspringt gerade aus diesem Spannungsfeld.

Der Mensch zwischen Potenzial und Entwicklung

Das Kind kommt als eigenständiges Wesen auf die Welt. Es hat alles, was es zum Menschen macht, und entwickelt sich gleichzeitig ständig weiter. Das Kind ist und wird. Es ist kein Mängelwesen, das noch Mensch wird, sondern es ist für alle Zeit ein komplettes Wesen, das Reifungs- und Wachstumsprozesse erlebt. Der Mensch ist nicht fertig, sondern wird immer mehr die Person, die er ist – oder geistlich ausgedrückt: Der Mensch wird die Person, als die Gott ihn gedacht hat. In dieser Ambivalenz zwischen Sein und Werden, zwischen komplett sein und doch reifen, geschieht Menschwerdung.

Das Kind
hat Wert und erlangt ihn nicht
hat Würde und erwirbt sie nicht
hat Rechte und bekommt sie nicht erst
hat Liebe und verdient sie sich nicht
hat
und hat
und hat
und doch
wird
das Kind
mehr und mehr
und ist ganzer Mensch
in dem es Mensch wird

Die Entwicklung des menschlichen Bewusstseins

Je nach Alter und entsprechendem Entwicklungsstand seines Bewusstseins erfährt jeder Mensch Religion und Glauben anders. Wir gehen davon aus, dass existenzielle Methoden dieser Tatsache in sich schon Rechnung tragen, weil sie generell erfahrungsbezogen ansetzen. Darüber hinaus sollten aber alle Methoden altersgemäß eingesetzt werden und so der Entwicklung des Menschen Rechnung tragen.

Es gibt unterschiedliche Modelle, die die Entwicklung des Menschen beschreiben. Die Entwicklungspsychologie hat dabei auch die sozialen und gesellschaftlichen Faktoren mehr und mehr einbezogen (vgl. ausführlich dazu: Oerter/Montada, Entwicklungspsychologie). Viele dieser Modelle ergänzen sich gegenseitig und setzen dabei unterschiedliche Schwerpunkte. Praktisch arbeitende PädagogInnen können dabei über Theoriefelder und -grenzen hinwegschauen und die Theorien an der pädagogischen Wirklichkeit messen. Der Leitsatz heißt dabei: Kritisch Aufnehmen, was die Praxis fördert und herausfordert.

Uns selbst hat dabei in den letzten Jahren die Beschreibung der Entwicklung des menschlichen Bewusstseins am meisten angeregt. Insbesondere Ken Wilber möchten wir hier nennen. Er hat in seinen Büchern die Entwicklung des menschlichen Bewusstseins kulturübergreifend zusammengetragen, reflektiert und beschrieben und seine eigenen Thesen entwickelt. Während der frühe Wilber eher unter Esoterik eingeordnet wurde, setzte er sich später mit der gesamten europäischen Philosophie auseinander. Einschränkend muss man sagen, dass er leider nicht die Bedeutung des Protestantismus für die Aufklärung und die Verwurzelung der Aufklärung in den Kirchen der Reformation erfasst. Religion ist für ihn der allgemeine Leitbegriff, dem alle christlichen Kirchen zugeordnet werden. Eine weitere Differenzierung findet nicht statt. So sieht er nicht die Chancen, die in der christlichen Mystik nach der Aufklärung liegen, und es fehlen die Anstöße, die sich daraus ergeben. Vielleicht ist er hier zu sehr auf das amerikanische Umfeld festgelegt oder durch es geprägt. Dennoch ist Wilbers Beschreibung der Entwicklung des menschlichen Bewusstseins sehr hilfreich und besonders für die religionspädagogische Praxis relevant.

Für die folgende Beschreibung der Entwicklung des menschlichen Bewusstseins haben wir unsere eigenen Schwerpunkte gesetzt. Wir beziehen dabei neben Wilber Fowler (1991) mit ein und greifen auch ältere Konzepte, etwa von Gruehn (1956) und Goldman (1964), mit auf. Um den Rahmen dieser Einführung nicht zu sprengen, haben wir die Darstellung bewusst stark vereinfacht. Interessierten empfehlen wir eine kritische Vertiefung über die einschlägige Fachliteratur.

Die Entwicklung des menschlichen Bewusstseins geschah in der Entwicklung der Menschheit insgesamt und geschieht immer wieder in der Entwicklung jedes einzelnen Menschen.

Auf den Aspekt der Entwicklung des menschlichen Bewusstseins in der Geschichte der Menschheit möchte ich nur nebenbei hinweisen, aber genau diese Analogie macht eigentlich den Reiz und die Faszination der Impulse Ken Wilbers aus. So wie der Fötus alle Entwicklungsstadien der Menschheit durchschreitet, scheint in jedem Menschen auch die Entwicklung des allgemeinen Bewusstseins neu stattzufinden.

Das pränatale Bewusstsein

Das Kind lernt erste und sehr wesentliche Dinge pränatal. F.A.Wolf (Die Physik der Träume, Berlin 1997) weist unter anderem auf die hohe Traumfrequenz des ungeborenen Kindes hin. Das werdende Kind scheint auch durch Träume zu lernen. Wieweit dies mit den Erkenntnissen C.G. Jungs vom kollektiven Unbewussten in Zusammenhang gebracht werden kann, vermögen wir nicht zu beurteilen, scheint uns aber zumindest diskussionswürdig. Das Kind erfährt durch sein Miterleben von Mutter und Umwelt massive Prägungen, aber auch eine große, wenn auch manchmal schon gebrochene Geborgenheit. Religiös gesprochen geht es in dieser Phase um Grunderfahrungen von Geborgenheit und Einheit, das Kind erlebt sich nicht getrennt von der Umwelt. Diese Erfahrung bewirkt eine große Sehnsucht, nach der der erwachsene Mensch – als Einheitserfahrung – oft in spiritueller Praxis wieder sucht.

Das symbiotische Bewusstsein

Bis etwa zum 2. oder 3. Lebensjahr erlebt sich das Kind getrennt und doch verbunden mit der Mutter. Es ist nicht mehr so eins mit ihr und möchte doch die Nabelschnur nur langsam kappen. Es testet die Beziehung auf ihren Bestand hin und übt Vertrauen ein, wenn die Beziehungen zuverlässig sind. In gelingenden und misslingenden Erfahrungen von Nähe und Distanz erfährt das Kind hautnah den Wert von Beziehungen. Ziel dieser Phase ist die Lösung der Symbiose, was manchen Menschen so richtig auch im Älterwerden nicht ganz gelingen will.

Religiös gesprochen erwirbt das Kind Vertrauen zu seiner Mitwelt. Hier werden Verbindungen (oder auch nicht) zum Urvertrauen, das über den Menschen hinausgeht, geknüpft oder gezogen, die sich in den einzelnen Lebensgeschichten dann mehr oder weniger wiederfinden. Es ist erstaunlich, wie oft in der geistlichen Begleitung deutlich wird, dass das Vertrauen und Urvertrauen zu Gott in dieser Phase angelegt wurde (s. Gruehn 1956, Fowler 1991).

Das magische Bewusstsein

Vom etwa 2. bis 6. Lebensjahr lebt das Kind in einer magischen Welt. Buchtitel wie »Kinder brauchen Geheimnisse«, »Kinder brauchen Märchen«, »Alles wird wieder gut« deuten den Schwerpunkt dieser Phase an. Kinder wünschen sich eine heile und wieder heilwerdende Welt, obwohl sie ahnen, dass die Welt gebrochen ist. Puppen werden in ihrem Innersten untersucht und zugleich ist die Trauer über die zerstörte Puppe grenzenlos.

Religiös gesehen haben die Kinder in dieser Phase beispielsweise mit Wundergeschichten keine Probleme, Jesus macht ja heil. Theologen können diese Haltung mitunter nur schwer akzeptieren, sie möchten oft gerne erklären, was ihrem Bewusstseinsstand nach »wirklich« ist. Kinder erwerben in dieser Phase die Hoffnung, dass alles gut ausgehen kann (siehe auch Gruehn 1956, Goldmann 1964, Fowler 1991). Ein Verharren in dieser Phase kann indessen zu realitätsfernem Optimismus und Schönfärberei führen.

Das mythische Bewusstsein

Das mythische Bewusstsein ist am besten anhand der alten Rittersagen zu erklären: Drachen werden bekämpft, Prinzessinnen befreit, Arme beschützt, es wird »edel« gehandelt. Der Held entwickelt sich zum Guten hin und das Böse wird bekämpft. Die Welt muss und will aktiv in Ordnung gebracht werden.

Bis etwa zum 10. Lebensjahr identifiziert sich das Kind in hohem Maße mit dem Retter und dem Held. Das Kind erwirbt die Hoffnung, dass es die Welt aktiv gestalten kann. Jede Zeit hat ihre eigenen Helden, ob es Eisenherz, Winnetou, Nightrider oder wer auch immer ist. Diese Entwicklungsphase war lange Zeit männlich geprägt und dominiert. Mädchen hatten sich entweder an der männlichen Entwicklung zu orientieren, sie wurden wie »Brunhilde« oder wie Georgina aus der Serie »Fünf Freunde« von Enid Blyton, die darauf besteht, »Georg« genannt zu werden. Kurz gesagt, sie mussten die besseren Männer und Jungen sein. Oder sie ergriffen später ausdrücklich helfende und pädagogische Berufe, wie eine Diakonissengruppe es im Rückblick einmal beschrieb: In dieser Phase fielen unsere Berufsentscheidungen; wir wurden Schwestern, Ärztinnen, Fürsorgerinnen (so hieß dies damals).

Mit Pippi Langstrumpf und später mit Ronja Räubertochter wurde literarisch deutlich, was sich gesellschaftlich anbahnte: Mädchen gestalten diese Phase neu und anders. Der Siegeszug von Pippi war unaufhaltsam. Und ich weiß heute, warum ich diese Bücher als Junge nicht gemocht habe: Pippi besetzte meine angestammte Domäne. Und tatsächlich: Die Jungen haben hier ein Stück eigener Welt teilen und preisgeben müssen, die männlichen Helden bekamen nun durch weiblichen Mut und weibliche Stärken ein Gegenüber. Tragisch an dieser Entwicklung ist, dass viele Jungen und Männer keine Kompensation, keinen Ausgleich in ihrer eigenen Entwicklung fanden, außer vielleicht in einer neuen, gefühlsarmen oder »gefühlsversteckten« Coolness.

Religiös gesehen ist diese Phase Grundlage der Entwicklung eines stark männlich geprägten Gottesbildes. Selbst in Weihnachtsliedern lässt sich dies finden: »Christ der Retter ist da". Das Irritierende an diesem Gottesbild ist seine Selbstauflösung: Ein starker Rettergott wird versprochen, in der Passionsgeschichte wird aber dieser Held, der Retter, getötet und besiegt. Eigentlich verliert Jesus – für das Kind und für all diejenigen, die nicht selbstverständlich im christlichen Glauben aufgewachsen sind – am Kreuz alles. Der Held stirbt und für das Kind bricht eine Welt, eine Innenwelt, zusammen. Es kann nicht nachvollziehen (!), dass der Kreuzestod ein Sieg sein soll. Da die Auferstehung in Schule und Kindergottesdiensten immer in die Ferien fällt (was allerdings an Weihnachten auch der Fall und damit nur eine halbe Erklärung ist), kann das Kind inhaltlich und emotional nicht oder kaum aufnehmen, wo der Sinn dieses Todes und der Auferstehung liegt. Es hilft heute noch weniger als früher, wenn dies nur in Worten als ein rettendes Ereignis beschrieben wird. Geistlich darf diese Phase nicht geschönt oder zum Guten hin geredet werden. Falls das Kind erkennt, dass zwischen ihm und Jesus ein Parallele existiert, ist ein Wandel im Gottesbild eingeleitet. Beide verbindet nämlich eine Ohnmachtserfahrung: Ich kann die Welt mit den herkömmlichen Mitteln, mit der Stärke und mit Kampf nicht retten: »Steck dein Schwert ein!«, sagt Jesus zu Petrus, der ihn mit Gewalt retten will. Hier setzt ein neues Bewusstsein ein. Im Rückblick könnten wir dazu auch sagen, dass mit Jesus ein Quantensprung in der Entwicklung des menschlichen Bewusstseins einsetzt: Menschheitsgeschichtlich gesehen wird das Ende der mythischen Phase eingeleitet.

Das Kind durchschreitet bis hierhin verschiedene Entwicklungsphasen, die es auch mehr oder weniger abschließen sollte. Es ist förderlich, sich aus symbiotischen Beziehungen zu lösen, magische und mythische Weltsicht hinter sich zu lassen, ohne sie zu verleugnen. Diese Phasen sollten integriert werden und als Lebensrepertoire – nun bewusst – zur Verfügung stehen.

Man kann auf Dauer nicht mehr einfach zu diesen Phasen zurückkehren, ohne ernsthaft in seiner Entwicklung Schaden zu nehmen. Die nächsten Phasen werden nicht mehr altersmäßig abgeschlossen. Wir geben daher nur noch an, ab welchem Alter sie – eventuell, aber nicht immer – als Reifungsprozess zu erwarten sind.

Das selbst-bewusste Bewusstsein

Diese Phase beginnt mittlerweile manchmal schon in der Grundschule (ab 10/12 Jahren). Das Kind wird sich seiner selbst bewusst – es gestaltet sein Selbstbewusstsein. Dies ist ein schmerzlicher, spannender, glücklicher, angstbesetzter und notwendiger Weg. Der junge Mensch nimmt sich selbst bewusst wahr. In der Menschheitsgeschichte entspricht dies der Phase der Aufklärung. Das berühmte Wort des französischen Philosophen Descartes, das die Aufklärung beschreibt: »Ich denke, also bin ich«, trifft in einem umfassenderen Sinne auf diese Phase zu: Ich spüre mich – ich nehme mich wahr – ich denke – ich reflektiere – ich habe Gefühle – ich kontrolliere mich – ich bin.

Dies wird nicht nur positiv erlebt. In diesem Bewusstwerdungsprozess erlebt der junge Mensch sein Werden und Wachsen mit allen Facetten. Er ist himmelhochjauchzend und zu Tode betrübt, er ahnt und erlebt seine Möglichkeiten und erlebt ebenso seine Grenzen:

- Im Heranwachsen bietet sich dem Menschen nun die Chance, die Welt zu bedenken, zu befragen, zu kritisieren, zu erforschen und zu reflektieren.
- Er lernt, dass die Welt durch die Kraft der Gedanken und ihrer Umsetzung verändert werden kann.

- Er lernt, dass er ein Recht auf Kritik, Befragung und ein Recht auf einsichtige Antworten hat, wobei »Ich weiß nicht« auch eine angemessene Antwort sein kann.

Der Protestantismus hat diese Phase in der Menschheitsgeschichte sehr stark unterstützt und gefördert. Auch auf der subjektiven Ebene wird dort Wert gelegt auf Freiheit, Mündigkeit und Verantwortung des Einzelnen.

Der Katholizismus hat diese Phase (auf der subjektiven und menschheitsgeschichtlichen Ebene) nicht immer so sehr geschätzt und sich damit mitunter eher schwer getan.

Der Glaubende jeder Konfession muss immer wieder lernen, dass diese Stufe zum Leben gehört und dass Glauben trotzdem mehr ist als Selbst-Bewusstwerdung. Damit wird der Mensch zwar Gestaltender und Erschaffender in einem ungeahnten Ausmaß, aber der Mensch ist nicht sein eigener Gott. Der Versuch der Aufklärung, Gott zu (er)klären und das Göttliche zu ersetzen, ist gescheitert. Klar geworden ist dabei aber, dass Gott selbst und das Vertrauen zu Gott nicht in einem regressiven magischen und mythischen Verständnis zu finden sind, sondern dass das Göttliche einem Durchschreiten der Aufklärung, einer Auseinandersetzung mit der Ratio, der Erkenntnis und dem Geist des Menschen standhält, ja dass wirklicher Glaube dies sogar bedingt. Die mystische Tradition des Christentums wusste dies immer schon: Selbst-Erkenntnis im umfassenden Sinne gehörte zur Gotteserkenntnis.

So wird die Phase der Selbst-bewußt–Werdung nicht abgeschlossen und gleichzeitig mit der nächsten ergänzt durch eine erweiterte Weltsicht.

Das spirituell-integrative Bewusstsein

Ab etwa siebzehn Jahren – oder auch viel später oder vielleicht auch nie – kann sich die Weltsicht erweitern und der junge Mensch fragt umfassend nach dem Sinn seines Lebens. Gerade in dieser Zeit gesellschaftlichen Umbruchs wissen junge Leute, dass Karriere, Berufsplanung und materielle Sicherheit keine Werte sind, auf die man bauen kann. Oft genug erhalten junge Menschen aller Bildungsebenen die versteckte oder offene Botschaft: Du wirst nicht gebraucht. Damit wird der Selbstwert junger Menschen massiv in Frage gestellt. Wir hoffen, dass dies die innere Entwicklung junger Menschen heute nicht nur behindert, sondern herausfordert.

So fragen sich viele, und das ist auch die Aufgabe dieser Phase:

- Wie bin ich geworden – was habe ich aus meinen bisherigen Lebenschancen und Lebensverletzungen nun in meine Persönlichkeit zu integrieren?
- Wie kann ich das leben, was mich fördert und mich wirklich glücklich macht? Wo liegt für mich ein echtes Potenzial und welche Grenzen habe ich?
- Was ist der Wert und der Sinn meines eigenen Lebens?
- Gibt es eine Wirklichkeit, die größer ist als der Mensch – als ich?

Die Antworten werden in allen Angeboten und Märkten gesucht, Kirchen sind in ihrer klassischen Form schon lange nicht mehr die einzigen Antwortgeber. So konkurrieren sie mit dem gesamten Psycho- und Esoterikmarkt. Nur wenn die Kirchen einsichtige und nachvollziehbare Antworten und Erfahrungsfelder für die Sinnsuche anbieten, werden sie ernst genommen. Sie haben eine große Möglichkeit, ihre Spiritualität einzubringen, aber sie müssen sich auf einen offenen und klaren Diskurs einlassen und wirklich »Spirit« anbieten und leben.

Das spirituell-transzendente Bewusstsein

Das spirituell-transzendente Bewusstsein hat seinen Schwerpunkt in der zweiten Lebenshälfte – so heißt es im Allgemeinen. Dies mag durchaus stimmen, aber auch Menschen in Lebenskrisen und besonders junge Menschen in Umbruch- und Sinnfindungsphasen suchen nach dem transzendenten Bewusstsein, nach Transzendenzerfahrungen, die größer sind als alles menschliche Begreifen, als alle Vernunft. In der Überschreitung und Integration seiner kognitiven Möglichkeiten kann sich der Mensch – in der Übung und im Vertrauen – auf die größere Wirklichkeit Gottes einlassen und an ihr teilhaben. Hierhin führen die Übungswege der christlichen Tradition: Kontemplation und Meditation des Herzensgebetes, Exerzitien und Einkehrtage, auch in Verbindung mit Leibarbeit und der Arbeit mit inneren Bildern. Dieses Buch gibt hierzu einige Anregungen.

Harry Potter – der Erfolg dieses Buches lässt sich auch durch die beschriebenen Phasen erklären. Harry Potter verdeutlicht indirekt diese Phasen. Vielleicht ist Harry Potter die männliche Antwort auf Pippi Langstrumpf. Er lebt zugleich in der magischen, mythischen und Selbstbewusstseins-Phase, er hat diese Phasen miteinander versöhnt. Er ist der aufgeklärte, zauberhafte Held – dem die spirituelle Welt offen steht und der dem Bösen widersteht. Er bestätigt auch die These, dass gelingende männliche Persönlichkeitsentwicklung durch eine »gebrochene« Lebensgeschichte einen großen Schub erhalten kann – allerdings ist auch das Gegenteil, ein Scheitern möglich. Genialer kann man den Markt als Autorin nicht bedienen.

Literatur

James W. Fowler, Stufen des Glaubens, Gütersloh 2000
Rolf Oerter/Leo Montada, Entwicklungspsychologie, Weinheim 1998
Friedrich Schweitzer, Lebensgeschichte und Religion, Gütersloh 1999
Ken Wilber, Naturwissenschaft und Religion, Frankfurt am Main 1998

Grundthesen zu den existenziellen Methoden

Die folgenden Grundthesen sollen helfen existenzielle Methoden zu verstehen und sie von anderen Methoden zu unterscheiden. Auch wenn diese Kriterien für uns noch im Fluss sind, so ermöglichen sie doch, weitere, hier nicht genannte Methoden daraufhin zu befragen, ob sie in diesem Sinne hilfreich sind oder nicht.

1. Existenzielle Methoden fördern das Wachstum und die Wandlung der Persönlichkeit, sie fördern die Selbstwerdung.

Existenzielle Methoden wollen nicht belehren, sondern fördern alle Erkenntnisse, die durch das bewusste Wahrnehmen der eigenen Person möglich sind. Sie geben Raum für Individualität und soziale Kompetenz im Sinne von Personwerdung.

2. Existenzielle Methoden schaffen Raum für eigene, authentische Erfahrungen, sie fördern die Differenzierung und ermöglichen und ermutigen zur Integration bisheriger Erfahrungen.

Existenzielle Methoden nehmen die individuellen Erfahrungen ernst und schaffen durch gemeinsame Reflexion den Rahmen, in dem jede/r seine Erfahrungen vergleichen, überprüfen und so für sich einordnen kann. Der/die Anleitende muss die Balance zwischen seinen Zielvorstellungen und der Offenheit für die Erfahrung der Teilnehmenden halten.

3. Existenzielle Methoden orientieren sich an einem ganzheitlichen Menschenbild. Sie sprechen in der Grundtendenz alle Seins-Ebenen an, also auch die spirituelle Ebene. Die Gewichtung in einzelnen Übungen kann verschieden sein.

Die Methoden setzen in verschiedenen Bewusstseinsbereichen an und ermöglichen so verschiedenen Menschen einen ihnen gemäßen Zugang. Doch in jeder Methode schwingen die anderen Bereiche mit und die Erfahrung kann in jeden Bereich springen. Ein Beispiel: Ich kann in der Eutonie Grundkontakt körperlich üben und dabei die Erfahrung machen, mich geborgen und im Letzten getragen zu fühlen.

4. ***Existenzielle Methoden besitzen eine ethische Dimension und führen vom Ich zum Wir und zum Du.***

Die Art, wie die einzelnen Methoden Individualität, Autonomie und Selbstverantwortung der Teilnehmenden ernst nehmen und gegenseitige Toleranz fördern, ist zugleich ein Modell für den Umgang miteinander.

5. ***Das Ziel existenzieller Methoden ist keine regressive Entwicklung. Wohlgefühl ist ein begrüßenswerter Begleitumstand, aber keine Zielbeschreibung.***

Viele Übungen, die wir hier beschreiben, ermöglichen und schaffen eine Atmosphäre des allgemeinen Wohlgefühls. Dies ist auch wichtig, da positive Veränderungen in persönlichen Grundhaltungen eine Basis von Sicherheit und Vertrauen brauchen. Ein Verweilen im Wohlgefühl aber schafft Inselsituationen ohne Auswirkungen auf den Alltag. Deshalb gehören Anregungen zur Wahrnehmung, Ausdruck und Reflexion wesentlich dazu.

6. ***Viele existenzielle Methoden beinhalten bereits eine Form des Ausdrucks bzw. müssen mit zunehmender Erfahrungstiefe um eine solche ergänzt werden: Was Eindruck macht, braucht Ausdruck.***

Ausdruck ist ein wesentlicher Schritt zwischen Erfahrung, Reflexion und Integration. Indem ich mich ausdrücke, bringe ich meine Erfahrungen nach außen und mache sie so sichtbar und für mich und andere fassbar, begreifbar.

7. ***Die Methoden und die dadurch gewonnenen Erfahrungen sind hinterfragbar und laden ein zur Reflexion.***

Wann immer möglich, sollte es die Chance zum Nachgespräch – einzeln oder in der Gruppe – geben. Dabei ist es wichtig, alle Erfahrungen – als subjektiv wahr, aber reflektierbar – ernst zu nehmen. Im Austausch untereinander erweitern die Erfahrungen der anderen meinen Erfahrungsraum und fördern die gegenseitige Toleranz.

8. ***Alle existenziellen Methoden beinhalten die ganze Bandbreite von sehr einfachen bis hin zu sehr intensiven Erfahrungen.***

Existenzielle Methoden sollten auch in dieser Reihenfolge angeboten und erprobt werden. Dabei sind die Anleitungen für die Anfangsübungen oft umfangreicher als die für die fortgeschrittenen Übungen. So braucht beispielsweise jede meditative Übung eine prozessbegleitende Anleitung, während lange Zeiten der Meditation mit einem kurzen Grundimpuls auskommen. So haben

Phantasiegeschichten viel mehr Text als Anleitungen zur Wahrnehmung eines inneren Bildes.

9. Existenzielle Methoden gewinnen ihre Intensität durch die bewusste Gestaltung verschiedener Komponenten.

Dazu gehört die Wahrnehmung und Gestaltung von Umfeld und Raum, die Förderung der Vertrautheit durch Schutz und Wiederholung, der Umgang mit Zeit im Sinne von Übungsdauer, Verlangsamung und Pausen, und die inhaltliche Auswahl.

Dies kann man an jeder Methode durchspielen. So kann ich fast immer zur allgemeinen Auflockerung eine Drei-Minuten-Rückengeschichte wie »Aprilwetter« ohne größere Vor- und Nachbereitung einbauen. In einem Stilleraum, mit verlangsamter Anleitung auf zehn Minuten ausgedehnt, verstärkt dies die Intensität der Erfahrung. Ebenso verändern sich die Erfahrungen, wenn ich das Märchen »Hans im Glück« im Rahmen einer Auseinandersetzung mit dem Thema »Loslassen« erzähle. In allen Fällen liegt eine (in diesem Falle auch wort-wörtliche) Berührung vor, die sich von einer körperlichen zu einer ganzheitlichen Erfahrung verändern kann.

10. Existenzielle Methoden reflektieren die Erfahrung des/der Anleitenden. Ihr Erfahrungsraum sollte den der Angeleiteten überschreiten.

Dies ist eine Frage der Kompetenz. Dies heißt konkret: Wer etwas pädagogische Vorerfahrung hat, kann in der Regel alle Anfangsübungen nutzen, hier ist er Generalist. Für intensivere Anwendung der jeweiligen Methode braucht man entsprechende eigene Erfahrung und Fortbildung. In dem Maße, wie jemand die Methode in seine Erfahrung und Persönlichkeit integriert, wird er zum Spezialist.

Die Erfahrung, dass mich etwas berühren und wandeln kann, ist die Voraussetzung, um ein Gefühl dafür zu entwickeln, wann und wodurch dies bei anderen geschehen kann. Umgedreht kann fehlende Erfahrung zu negativen Erlebnissen führen. So erzählte uns eine Teilnehmerin, dass sie bei einem Elternabend eine geführte Meditation von einer Kassette laufen ließ. Ein Vater reagierte anschließend sehr empört und meinte: »Wenn Sie Selbsterfahrung anbieten, müssen Sie dies auch vorher sagen.« Er war bei der Meditation mit sich in Berührung gekommen, ohne darauf vorbereitet zu sein. Die Anleiterin war überrascht, sie fand die Kassette nur entspannend und wusste nicht, wodurch sie das ausgelöst hatte. Die spätere eigene Erfahrung mit verschiedenen

Phantasiereisen half ihr zu verstehen, wie Worte eine persönliche Resonanz in uns auslösen und uns dadurch tief berühren können.

Über die Wurzeln existenzieller Methoden

Fast alle Methoden, die wir in diesem Buch darstellen, sind nicht neu oder haben zumindest sehr alte Wurzeln. Die meisten Übungen und Methoden stammen aus dem religiösen Bereich und haben später eine pädagogische Generalisierung erfahren.

Einige Beispiele:

- Der Tanz war anfangs immer religiöser Tanz.
- Das Malen war Ausdruck religiöser Erfahrung.
- Der Klang und der Gesang gehörte zum religiösen Kult.
- Das Erzählen tradierte religiöse Erfahrung und ermöglichte sie.
- Das Drama war ursprünglich religiöses, kultisches Spiel.
- Innere Bilder waren als Vision, Traum und Prophetie religiöse Wirklichkeit.

Daran knüpfen wir an. Wir machen also auf der einen Seite nichts anderes, als auf die Tradition zurückzugreifen, wandeln diese aber – wie es aus pädagogischen Überlegungen heraus notwendig ist – auf unsere heutige Situation hin ab. Wir könnten auch sagen, dass wir ursprünglich religiöse Übungen und Wege auf neue Weise wieder im geistlichen Bereich verorten und fortschreiben. Somit geschieht eine kritische und emanzipatorische Aufnahme und Weiterentwicklung geistlicher Übungen.

Teil 2
Anwendungen

Erzählen

Die Kraft des Erzählens

Eine chassidische Geschichte

Es gibt wohl keine schönere Geschichte über das unzerstörbare Leben in narrativen Überlieferungen als jene, die Gershom Sholem von dem großen hebräischen Erzähler Agnon gehört hat:

Wenn der Baalschem etwas Schwieriges zu erledigen hatte, irgendein geheimes Werk zum Nutzen der Geschöpfe, so ging er an eine bestimmte Stelle des Waldes, zündete ein Feuer an und sprach, in mystische Meditation versunken, Gebete – und alles geschah, wie er es sich vorgenommen hatte.

Wenn eine Generation später der Maggid von Meseritz dasselbe zu tun hatte, ging er an jene Stelle im Walde und sagte: »Das Feuer können wir nicht mehr machen, aber die Gebete können wir sprechen« – und alles ging nach seinem Willen.

Wieder eine Generation später sollte Rabbi Mosche Leib aus Sassow jene Tat vollbringen. Auch er ging in den Wald und sagte: »Wir können kein Feuer mehr anzünden, und wir kennen auch die geheimen Meditationen nicht mehr, die das Gebet beleben; aber wir kennen den Ort im Walde, wo all das hingehört, und das muss genügen.« – Und es genügte.

Als aber wieder eine Generation später Rabbi Israel von Rischin jene Tat zu vollbringen hatte, da setzte er sich in seinem Schloss auf einen goldenen Stuhl und sagte: »Wir können kein Feuer machen, wir können keine Gebete sprechen, wir kennen auch den Ort nicht mehr, aber wir können die Geschichte davon erzählen.«

Und – so fügt der Erzähler hinzu – seine Erzählung allein hatte dieselbe Wirkung wie die Taten der drei anderen.

(Gerschom Scholem, aus: Die jüdische Mystik in ihren Hauptströmungen,
© Suhrkamp Verlag, Frankfurt am Main 1967, S. 384)

Einige Erinnerungen

Als Kind saß ich abends in den Ferien am Lagerfeuer und hörte den Geschichten zu, die erzählt wurden. Es wurde nicht vorgelesen, sondern erzählt. Ich saß da und hatte die Bilder zu den Erzählungen vor meinem inneren Auge.

Eineinhalb bis zwei Jahrzehnte später saß ich mit Jugendlichen am Lagerfeuer und sie baten mich: »Erzähl eine Geschichte!« und ich erzählte eine Gruselgeschichte mit einem sehr speziellen Ende (die Kurzfassung der Geschichte habe ich in diesem Kapitel aufgeschrieben). Die jungen Menschen waren fasziniert, ließen sich berühren, vergaßen Raum und Zeit. Am nächsten Abend erzählte ich eine ganz andere Geschichte. Genau wie die erste Geschichte entstand sie aus dem Stegreif. Alle schauten ins Feuer und sahen die Glut und ich erzählte die Geschichte der Schöpfung und verband das Alte mit dem Neuen. Es wurde eine Erzählung des Schöpfungsprozesses – jenseits aller Physik und aller naturwissenschaftlichen Diskussionen – mit dem Schwerpunkt: Und die Schöpfung war gut und ist uns Menschen anvertraut.

Die Abende waren eindrücklich und in vielen späteren Gesprächen, auch bei Traugesprächen, tauchten sie wieder auf.

Was war das Besondere? Es fand eine existenzielle Berührung statt. Fremde erzählte Worte wurden zu eigenen inneren Bildern. Es gab eine Atmosphäre, die archaisch und intensiv war. Das Lagerfeuer führt in vergangene, aber jetzt wirkliche Dimensionen. Die Anwesenden ließen sich auf die Atmosphäre und die Erzählungen ein und der Erzähler ließ sich von den Anwesenden stärken, berühren und auch führen.

Erzählen – eine alte Tradition

Erzählen ist die Urform einer existenziellen Methode. Sie ist eine einfache Methode und sie erreicht über lebendiges Erzählen, gute Geschichten und eine geeignete Atmosphäre das Herz des Menschen.

Wir haben länger diskutiert, ob das Erzählen in dieses Buch gehört oder nicht, und wir kamen zu dem Ergebnis, dass mit dem Erzählen – als existenziellem Weg – die Menschwerdung begann.

Vielleicht ist es das Herausragende am Menschsein, dass wir erzählen und zuhören können, daraus lernen und zu neuen Ideen angeregt werden. (Sicherlich gewinnen auch deswegen Hörbücher heute so viele Anhänger. Schon Kinder lieben das Erzählen und es ist das Beste, ihnen möglichst viele Geschichten zu geben.)

Erzählen war früher immer faszinierend und informierend zugleich, es war Unterhaltung und Lernen, es berichtete vom Geheimnisvollen und Verstehbaren, es gab Helden und Versager, Ermutigung und Hoffnung.

Im Erzählen fanden und finden die Hörenden Modelle und Chancen für das eigene Leben. Erzählen erweckte die Sehnsucht nach einem selbst gestalteten Leben, manchmal war es voller Trost, manchmal Mahnung, mal hielt es die Verbindung zur Tradition, manchmal förderte es gesellschaftliche Veränderungen, mal diente es dem Frustabbau, war spöttisches Ventil, mal war es auch nur Vertröstung oder Unterhaltung.

Erzählen – eine spirituelle Tradition

Erzählen war aber nicht nur Information und Unterhaltung im Alltag, sondern in den Erzählungen wurde auch von der anderen, der seelischen und geistigen Welt berichtet. Die Menschen, die zuerst Worte für das Erzählen fanden, empfanden das Leben noch als eine Einheit. Das Göttliche und das Weltliche waren fast bis zur Aufklärung nicht getrennt. Und jedes Erzählen war damit auch eine spirituelle Tradition.

Im Erzählen wurden Weisheit, religiöses Wissen, Rituale und Brauchtum weitergegeben. Die so tradierten Rituale und Bräuche gaben Sicherheit und einen Rahmen in einem unsicheren, oft gefährdeten Leben.

Darüber hinaus war allen klar: Vom Göttlichen kann man nur erzählen. Es ist nicht handfest greifbar. Gott begegnet in der eigenen Erfahrung. Jeder und jede muss dazu ihre eigenen Erfahrungen mit Gott machen. Auch dazu wollten die Geschichten anregen und ermutigen. Die ganze biblische Tradition erzählt von den Erfahrungen der Menschen mit Gott und lädt ein diese fortzusetzen.

Erzählen wirkt und schafft innere Bilder

Erzählen wirkt auf den Menschen ein. Es wirkt so mächtig, dass es Kulturen geschaffen und gefördert hat. Bis vor rund hundertfünfzig Jahren bekamen selbst in den westlichen Ländern viele Menschen Informationen, Wissen und Weisheit nur durch das Erzählen.

So intensiv wir in einem medialen Zeitalter leben, so brüchig ist diese Basis. Technische Perfektionen und alle Computer helfen nur begrenzt weiter. So wichtig computergestütztes Wissen heute auch sein mag, der Wert des individuell Verstandenen und Weitergegebenen, des Weitererzählten darf nicht übersehen werden. Unsere Gesellschaft beginnt gerade erst wieder zu entdecken, wie wichtig die Weisheit der älteren und alten Männer und Frauen ist, wie fatal es ist, zu meinen, auf diese Weisheit verzichten zu können und die Älteren aus dem Arbeitsmarkt zu drängen.

Erzählen wirkt, es schafft Traditionen. Es schafft innere Bilder und Visionen. Es sorgt für Kontinuität und Wandel. Das Starke und Wesentliche am Erzählen ist seine Subjektivität: Es erreicht die Hörer direkt und jede und jeder Hörende entwickelt dabei seine eigenen Vorstellung und inneren Bilder. Wie jemand sich eine Person aus einer Geschichte vorstellt, unterscheidet sich grundlegend von den Vorstellungen jedes anderen. Auch der Erzählende erzählt subjektiv. Er geht von seiner Botschaft, von seinen Bildern und von seinem Verständnis aus.

In diesem Weitererzählen passt sich die Erzählung jeweils dem neuen Raum, der neuen Zeit, den neuen Gegebenheiten an. So erweckt sie Resonanz. Erzählen beschreibt Wandlung und ist Wandlung. Erzählen ist Kommunikation und verlangt aktive Zuhörende.

Die Kunst des Erzählens

Einen Rahmen und Ambiente schaffen

Zum Erzählen gehört Übung und Einübung. Erzählen braucht Begabung, Bereitschaft zum Lernen und den Mut, anderen Leuten zu begegnen, um ihnen etwas zu erzählen.

Dies ist leichter, wenn der Rahmen, in dem das Erzählen stattfindet, stimmig ist. Erzählen braucht Ambiente. Professionelle Märchenerzählerinnen bringen deshalb immer Kerzen, Tücher und anderen Schmuck für den Raum mit. Sie gestalten den Raum. Er wird vertrauensvoller, gemütlicher, ein bisschen schummriger – eben einladender.

Es ist viel schwieriger, in einem nüchternen Schulzimmer oder einem viel genutzten Tagungsraum zu erzählen als am Lagerfeuer, am Kamin oder bei Kerzenlicht.

Wer erzählen will, sollte:

- den Raum gestalten und für eine gute Atmosphäre sorgen.
- die Geschichte nicht nur kennen, sondern auch erzählen können. Dramaturgie ist dabei durchaus erlaubt und erwünscht.
- nicht vorlesen (Vorlesen hat seinen eigenen Wert!). Die Märchenerzählerinnen, die ich kenne, können ihre Geschichten wörtlich auswendig. Sie erzählen die Geschichte immer gleich und doch gibt es unmerkliche kleine Veränderungen und Verschiebungen.
- alle Störungen unterbinden. Erzählen hat Vorrang! Handys werden ausgeschaltet, Telefonanrufe nicht angenommen.
- daran Freude haben und doch ein wenig spannungsvolles Bauchgrimmen spüren.

Wie lerne ich Erzählen?

Erzählen kann man lernen. Ein paar einfache, aber wichtige Anregungen helfen da weiter.

Drei Erzählregeln

1. Die Geschichte lesen und noch einmal lesen, möglichst sogar laut. Ist die Geschichte selbst ausgedacht, dann schreibe ich mir mindestens die Gliederung auf.
2. Ich erzähle immer mit wörtlicher Rede, nie in indirekter Rede.
3. Ich erzähle mir selbst die Geschichte einmal laut vor.

POZEKI

Das eigentliche Geheimnis einer guten Erzählung heißt POZEKI – eine Abkürzung, die die Voraussetzungen des Erzählens beschreibt:

P = Ich verdeutliche mir die Personen, die in der Erzählung mitwirken.
O = Ich mache mich mit den Orten vertraut, an denen die Erzählung stattfindet.
Z = Ich erfasse die Zeit, in der die Geschichte spielt, und kläre mit mir selbst, in welcher Zeit ich die Geschichte erzähle (Vergangenheit oder Gegenwart?).

E = Ich erarbeite mir die Ereignisse, die den Verlauf der Geschichte bestimmen. Manchmal gibt es ein Ereignis, auf das alles zuläuft, manchmal reihen sich mehrere Ereignisse aneinander. Welche Ereignisse bestimmen also beispielsweise das Märchen »Rotkäppchen«?

K = Ich verständige mich auf eine Kernaussage der Geschichte und bestimme diese Kernaussage für mich. Eine Kernaussage ist so etwas wie ein Leitgedanke, der mich beim Erzählen führt. Wieder am Beispiel: Was ist die Kernaussage des Märchens von Rotkäppchen für mich? Vielleicht spricht mich ja besonders an, dass der Wolf ein interessanter Schmeichler ist. Jemand anders erzählt das Märchen mit der Zielrichtung: Keine Angst, gierige Wölfe fallen schon in den Brunnen! Allerdings ist zu beachten, dass meine Lieblingskernaussage für andere vielleicht gar nicht passend ist. Also ist beim Erzählen auch die Zielgruppe zu beachten. Nachdem meine Kernaussage klar ist, prüfe ich, ob diese Kernaussage auch für meine Zielgruppe stimmig ist.

I = Für das Erzählen ist ein »inneres Bild« von der Geschichte absolut notwendig. Eine Geschichte kann nur dann passabel erzählt werden, wenn der Erzählende die Geschichte vor seinem inneren Auge sieht. Dieser letzte Buchstabe ist also das wichtige I-Tüpfelchen der Erzählkunst.

Zu guter Letzt noch ein Hinweis: Grau ist alle Theorie. Besser einfach anfangen zu erzählen, als sich nie zu trauen!
Merke: Der Tod allen Erzählens ist Langweile und Moralin.

Varianten des Erzählens

»Erzählen pur« ist und bleibt die Mutter allen Erzählens. In den letzten Jahren allerdings gab es im pädagogischen und religionspädagogischen Bereich eine Erweiterung des Erzählens.

Wir haben es »Erzählen *mit*« genannt.

Es handelt sich dabei um das Erzählen mit Puppen, mit Bildern, mit Bewegung, mit Gegenständen, mit Legematerialien, mit den Fingern auf dem Rücken usw. Es gibt über fünfzig ernst zu nehmende und bereichernde Varianten. Ihnen ist gemeinsam, dass die Kunst des Erzählens eigentlich vorausgesetzt wird. In der Praxis sind diese Erzählformen sehr beliebt, weil sie den Erzählenden selbst ein wenig von der Anspannung des Erzählens ablenken.

Eine Rückengeschichte »Der Wolf und die sieben Geißlein« finden Sie im nächsten Abschnitt bei den Beispielen. Solche Rückengeschichten verbinden das Erzählen mit der Leib- und Körperarbeit.

Einige Geschichten zum Üben

Geschichten bringen etwas auf den Punkt: Wir haben hier unterschiedliche Geschichten zum Weitererzählen zusammengetragen. Sie sind gut geeignet, um beim und durchs Erzählen etwas auf den Punkt zu bringen. Kurze Geschichten sind übrigens schwerer zu erzählen, da sie ganz auf die Pointe hin angelegt sind und ihre Wirkung verfehlen, wenn nicht klar auf diese Pointe hin erzählt wird.

Wach auf

Vor einiger Zeit hörte ich im Radio die Geschichte von einem Mann, der an die Zimmertür seines Sohnes klopft und ruft: »Jim, wach auf!«

Jim ruft zurück: »Ich mag nicht aufstehen, Papa.« Darauf der Vater noch lauter: »Steh auf, du musst in die Schule!«

»Ich will nicht zur Schule gehen.«

»Warum denn nicht?«, fragt der Vater.

»Aus drei Gründen«, sagt Jim. » Erstens ist es so langweilig, zweitens ärgern mich die Kinder, und drittens kann ich die Schule nicht ausstehen.«

Der Vater erwidert: »So, dann sag ich dir drei Gründe, wieso du in die Schule musst: Erstens ist es deine Pflicht, zweitens bist du 45 Jahre alt, und drittens bist du der Klassenlehrer.«

Also aufwachen, aufwachen! Du bist erwachsen geworden, du bist zu groß, um zu schlafen.

Wach auf!

(Anthony de Mello, aus: Der springende Punkt, © Verlag Herder, Freiburg im Breisgau, 3. Aufl. 2004)

Alles hat seine Zeit

Früh im Morgentau kroch eine Schnecke durch das feuchte Gras. Sie knabberte an den Blättern und trank vom Tau. »Oh, wie schön ist die Welt«, dachte sie und sah sich neugierig um. Als die Sonne kräftiger schien, wurde es ihr zu heiß. Sie suchte sich einen schönen Platz unter einer Blume und verkroch sich ins Schneckenhaus.

Die Blume aber öffnete ihre Blüten der Sonne entgegen, reckte sich und dachte: »Oh, wie schön ist die Welt.« Den ganzen Tag hatte sie Besuch von Bienen und Hummeln und viele freuten sich an ihrer Schönheit. Am Abend, als die Sonne nur noch schwach am Himmel leuchtete, schloss sie glücklich ihre Blüten, zog sich in ihr Inneres zurück und fing an zu träumen.

Zur gleichen Zeit streckte die Schnecke ausgeruht ihren Kopf aus dem Haus, sah die Blume und sagte: »Wie weise die Natur doch ist – sie schenkt uns beide Möglichkeiten: Wir können nach innen gehen und uns nach außen öffnen, so wie wir es gerade brauchen.«

Gerda Maschwitz

Gott schauen

Ein strenger König in einem fernen Land wollte am Ende seines Lebens Gott schauen. Manche glaubten, er wollte Gott selbst sehen, andere meinten, dass er eher die Wirklichkeit Gottes schauen wollte, noch andere hielten es für reine Schikane.

Der König rief seine Berater und Weisen zusammen. Selbst unter der Androhung harter Strafen wussten sie keinen Weg. Der König erließ daraufhin in dem Land einen Aufruf: »Ich will Gott schauen! Wer mir diesen Wunsch erfüllt, wird belohnt. Wer es vergebens wagt, verliert seinen Kopf!«

Als die Zeit für eine Antwort fast abgelaufen war, kam ein Hirte. Er führte an einem hellen Tag den König auf eine freie Wiese und zeigte auf die strahlende Sonne.

»Schau hin, König!«, bat er.

Der König hob den Kopf und sah in die Sonne. Die Kraft der Sonne blendete ihn und er nahm die Hände vor die Augen.

»Ich werde geblendet«, rief er aus, »willst du, dass ich mein Augenlicht verliere?«

»Aber Majestät, wie wollt ihr Gott schauen, wenn ihr noch nicht einmal die Sonne schauen könnt?«, fragte der Hirte.

Der König war über den Hinweis erstaunt und verwundert. Und die Antwort gefiel ihm.

»Ich erkenne deinen Geist und die Größe deiner Seele, mein Hirte«, sprach der König, »sage mir, was war vor Gott?«

Der Hirte bat den König zu zählen und der König zählte: »Eins, zwei, drei ...«

»Beginnt vor eins«, unterbrach ihn der Hirte. »Wie kann ich dies?«, widersprach der König, »vor eins ist nichts!«

»Richtig, König, vor Gott ist auch nichts.«

Dem König gefiel diese Antwort noch besser und er stellte eine dritte Frage: »Was macht Gott?«

Der Hirte bat den König: »Lasst uns die Kleider tauschen und den Platz wechseln.« Der König ließ sich auf den Wunsch des Hirten wiederum ein. Der Hirte nahm auf dem Thron Platz und der König saß zu seinen Füßen.

»Seht, Majestät, dies macht Gott: Die einen erhebt er auf den Thron und die Mächtigen lässt er heruntersteigen.«

Der König aber saß zu seinen Füßen, nachdenklich und versonnen. Er schwieg eine lange Zeit und sein Gesicht wurde freundlich und gelassen. Er murmelte: »Jetzt schaue ich Gott.«

Nach Leo Tolstoi

Ich will

Die alte Dame hatte alles mit dem Willen gemacht.
Es hatte ihr geholfen, manchmal verbissen.
Aber so hat sie gelebt.
Nun klopfte der Tod an: Ich will noch nicht, sagte sie.
Und der Tod ging.
Sie hörte ab und zu das Klopfen.
Sie wollte erst nicht,
später wollte sie wollen.
Aber das ging nicht.
Sie wollte und wollte.
Aber sie wusste nicht, dass Lassen angesagt ist.
Endlich wollte sie lassen. Aber sie wusste nicht wie.
Der Tod war freundlich und reichte ihr die Hand.
Aber sie wusste nicht, wie sie sich führen lassen sollte.
Da wurde der Tod ganz traurig und hatte Mitleid.
Er kam in der Nacht und nahm sie aus dem Schlaf mit.

Gerda Maschwitz

Die sieben Koffer

Es war bei einer meiner Wanderungen durch Schottland. Ich kam des Abends an ein verschlossenes und verlassenes Schloss. Gegenüber stand ein Gasthaus mit dem Namen »Die 7 Koffer«. Ich trat in das Gasthaus und fragte nach einer Besichtigung des Schlosses. »Morgen früh, mein Herr, nach der Übernachtung, nach dem Frühstück und nach dem Bezahlen gebe ich Ihnen den Schlüssel. Es ist ein verrücktes Schloss, noch nie kam jemand ohne verrückt zu werden zurück«, sprach der Wirt.

Ich blieb und am nächsten Morgen bekam ich den Schlüssel und eine Order mit auf den Weg: »Lassen Sie den Schlüssel am Haupttor stecken, sonst muss ich auch ins Schloss!« Nach diesen Worten zog ich los und schloss das Tor auf. Ich durchwanderte das Haus, es war alt, etwas modrig und stickig, aber es gab keine besonderen Vorkommnisse.

Alle Türen waren offen. Nur ein Raum war zu. Ich wurde neugierig. Tatsächlich, der Torschlüssel passte. Ich würde ihn schon zurückbringen.

Hinter der Doppeltür lag ein großer Raum im Halbdunkel. In der Mitte des Raumes stand ein alter, sehr großer Reisekoffer. Für den Koffer brauchte man einen eigenen Wagen. Seine Größe würde ich auf fast zwei Schritte in der Breite und viereinhalb Schritte in der Länge schätzen.

Ich öffnete den Koffer. Zu meinem Erstaunen war dies leicht möglich. In dem Koffer stand ein zweiter Koffer und daneben lag ein riesiges Skelettteil. Es war ein Bein.

Ich nahm das Bein heraus und legte es in den Raum auf den Boden.

Ich öffnete den zweiten Koffer. Darin stand wiederum ein Koffer und die Knochen des zweiten Beines lagen daneben. Die Knochen waren weiß und sauber. Ich legte die Knochen neben das erste Bein und versuchte mir eine Person dazu vorzustellen. Es konnte kein Mensch sein. Ein altes Riesenskelett? Ein Groß-Groß-Affe?

Ich öffnete den dritten Koffer. Den nächsten Koffer hatte ich schon erwartet und daneben lag eine große Beckenschale. Reinweiß. Fein gesäubert, ohne jede Fleischreste. Ich trug die Beckenschale an ihren Platz und erkannte, wie riesig diese Person oder besser dieses Monster gewesen sein musste.

Ich öffnete den vierten Koffer. Der nächste Koffer war kleiner, aber für die Wirbelsäule war er groß genug. Ich ergänzte das Skelett um die schwere Wirbelsäule, sie war wirklich noch beweglich. Beim Tragen schwankte sie hin und her.

Der nächste Koffer enthielt neben einem weiteren Koffer den linken Arm – natürlich als Skelett, und im sechsten Koffer war der andere Arm und wiederum ein Koffer. Die Arme ergänzten die Figur und es fehlte nur noch der Kopf.

Der letzte Koffer war allerdings noch groß genug: fast ein Schritt breit und eineinhalb Schritte lang. Ich öffnete diesen Koffer. Es war übrigens der erste Kofferdeckel, der ein wenig klemmte. Ich war erstaunt. Es war kein Koffer im Koffer und ich sah hinein und …

(hier wird sehr laut einmal scharf und schrill geschrien – wirklich!!! – die Zuhörer werden dies nie vergessen)

ja, ich schrie und sah den Kopf des Bären – des Bären, den ich euch gerade aufgebunden habe.

(Diese Geschichte haben wir vor Jahrzehnten irgendwo gehört und weitergesponnen, der Verfasser ist uns unbekannt. Auf den ersten Blick eine nicht ganz so existenzielle Geschichte – oder doch?)

Der Wolf und die sieben Geißlein – eine Rückengeschichte

Rückengeschichten sind eine schöne Form, miteinander in Kontakt zu kommen und Geschichten zu intensivieren. Indem ich zu der Geschichte Zeichen, Bilder, Bewegungen und Stimmungen auf dem Rücken eines anderen male, lade ich ihn ein, die Geschichte zu spüren, sie nahe an sich herankommen zu lassen. Wichtig ist, dass die Geschichte so langsam erzählt wird, dass das Gemalte wirken kann. Zunächst einmal, wenn die Zustimmung zu dieser Form der Erzählung da ist, glätte ich den Rücken mit sanften Strichen von oben nach unten und von der Mitte nach außen. Dann beginnt die Geschichte oder, in diesem Fall, das Märchen:

Es war einmal eine Geiß/Ziege *(zwei Finger spazieren über den Rücken).*

Die hatte sieben Kinder. Die waren recht munter und sorgten für Leben im Haus *(die Finger laufen kreuz und quer).*

Einmal rief die Mutter sie *(zwei Finger)* und alle kamen schnell herbei *(hinlaufen von allen Seiten).* »Ich muss heute unbedingt weg«, sagte sie, »seid artig und vor allen Dingen lasst niemand ins Haus, solange ich weg bin« *(mit zwei Fingern auf und ab gehen).*

Die Geißlein nickten ganz brav *(kleine Bewegungen)* und so ging die alte Geiß weg *(mit zwei Fingern weggehen).*

Die Kleinen freuten sich, dass sie allein waren und spielten ausgelassen und wild *(viel Bewegung).*

Da klopfte es an die Türe *(innehalten, zweimal klopfen).*

»Wer ist denn da?«, fragte das mutigste Geißlein *(kleine Bewegung auf die Klopfstelle zu).* »Ich bin's, eure Mutter«, sagte eine tiefe Stimme. Sofort liefen alle durcheinander *(mit allen Fingern laufen)* und riefen: »Das stimmt nicht, so eine tiefe Stimme hat unsere Mutter nicht«. Da ging der mit der tiefen Stimme weg *(mit zwei Fingern weggehen)* und die Geißlein spielten weiter *(viel Bewegung).*

Der Wolf *(zwei Finger)*, denn das war der mit der tiefen Stimme, lief schnell und besorgte sich Kreide *(laufen, greifen).* Er aß die Kreide und bekam davon eine ganz helle Stimme. So kehrte er zu den Geißlein zurück *(gehen).* Die Geißlein spielten miteinander *(verschiedene kleine Bewegungen)* und hielten inne, als es klopfte *(klopfen).* »Hier ist eure liebe Mutter, macht nur auf«, hörten sie eine helle Stimme sagen. Wieder wagte sich ein Geißlein vor *(kleine Schrittchen).* Es öffnete ein bisschen die Tür *(einen Spalt andeuten)*, da sahen alle die dunkle Pfote des Wolfes. Schnell machten sie die Türe wieder zu *(Spalt wieder schließen)* und riefen: »Geh weg, du bist nicht unsere Mutter, so dunkle Pfoten hat sie nicht!« *(Alle Geißlein stehen zusammen.)*

Da ging der Wolf zum Müller *(mit zwei Fingern gehen)* und ließ sich Mehl über die Pfoten stäuben *(leicht auf einer Stelle tupfen).*

Wieder kehrte er zu den Geißlein zurück *(gehen)* und bat mit heller Stimme um Einlass.

Sie öffneten vorsichtig die Tür *(kleiner Spalt)*, sahen die helle Pfote, machten die Tür ganz auf *(Spalt weit öffnen)* – und schon war der Wolf drinnen *(feste Schritte mit zwei Fingern).* Voll Schreck versuchten die Geißlein wegzulaufen *(viele kleine Tippelschritte)* und sich zu verstecken. Aber er fing eines nach dem anderen *(feste Schritte)* und fraß es auf *(6× innehalten).* Nur das kleinste konnte sich in der Standuhr verstecken *(kleine Schritte ganz an den Rand).* Dick und satt trollte sich der Wolf nach draußen *(behäbige Schritte)* und legte sich neben dem Brunnen zum Schlafen *(deutlicher Druck).*

Da kam die Mutter wieder *(leichte Schritte).* Wie erschrak sie *(innehalten)*, als sie die offene Tür sah. Sie rief nach ihren Kindern *(wenige Schritte hin und her).* Alles blieb still *(Pause).*

Sie suchte überall *(Bewegung hin und her)* und fand zuletzt das kleinste in der Uhr *(Schritte zu der Stelle, wo sich vorhin das Geißlein versteckt hat; zwei weitere Füße andeuten).* Traurig hörte die Mutter zu, wie das kleine Geißlein erzählte, was passiert war *(innehalten).*

Dann ging sie vor die Tür *(langsame, schleppende Bewegung)* und sah den

Wolf am Brunnen liegen *(Druck wiederholen)*. In seinem Bauch rumorte und bewegte es sich *(Bewegung an der Stelle)*.

Ob da wohl noch ein Geißlein überlebt hat? Schnell lief die Mutter ins Haus *(schnelle Schritte)*, holte eine große Schere und schnitt dem Wolf den Bauch auf *(Bewegung des Schneidens)*.

Da sprangen eins, zwei, drei, vier, fünf, sechs Geißlein heraus *(rausspringen lassen)* und liefen schnell ins Haus *(laufen)*.

Die Mutter holte dicke schwere Steine *(mehrmals zu einer bestimmten Stelle laufen und mit schweren Schritten zurückkehren)* und füllte dem Wolf damit den Bauch *(an der Wolfstelle mit Druck ablegen)*. Dann nahm sie Nadel und Faden, und nähte den Bauch wieder zu *(Nähbewegung)*.

Es dauerte nicht lange, da wachte der Wolf auf *(Drehbewegung)*. Er hatte Durst und wollte aus dem Brunnen trinken *(einige schwere Schritte)*. Er beugte sich über den Rand, aber die schweren Steine in seinem Bauch zogen ihn vornüber und er stürzte in den Brunnen *(aus der »Malfläche« herausfallen lassen)*.

Jetzt war die Freude riesengroß. Die Geißlein und die Mutter tanzten um den Brunnen und waren glücklich, dass alles noch einmal gut gegangen ist *(ausgiebiges Tanzen auf dem Rücken, und dann einen Schlussstrich ziehen)*. – Nach dem Schlussstrich warten, bis der »Bemalte« wieder aktiv werden will.

Der alte Garten vor der Stadt

Es gab einmal einen Garten, draußen am Rande der Stadt. Der war so, wie man sich einen alten Garten vorstellt: Die Jahre hatten den Zaun von Büschen und Hecken überwuchern lassen, sodass keiner mehr von außen hineinschauen konnte.

Aber es gab ein Tor, ein altes quietschendes Gartentor. Und wer es wissen wollte, konnte leicht feststellen, dass dieses Tor offen war. Das Seltsame war nur, dass mit den Jahren der Garten den Menschen immer weniger auffiel. Nur manchmal, wenn Eltern mit ihren Kindern einen Spaziergang vor die Stadt machten, dann konnte es passieren, dass die Kinder neugierig fragten: »Was mag denn wohl da drinnen sein?« Meist sagten dann die Eltern: »Ach ich weiß nicht – was soll da schon sein, lasst uns weitergehen« und: »Wir wollen doch jetzt gleich« und »Wir haben doch nachher noch das und das vor« und sie zogen die Kinder weiter.

Aber es gab auch ganz hartnäckige Kinder, die nicht locker ließen. Und beim dritten oder vierten Mal, als sie an dem Garten vorbeikamen, dachten sie: »Ich möchte jetzt aber wissen, was da drinnen ist!« Manche fragten noch – andere waren auf einmal weg, einfach verschwunden, während sich die Eltern über irgendetwas ganz anderes unterhielten.

Die Eltern riefen nach ihnen und warteten und fragten sich ungeduldig, was ihre Kinder wohl in dem alten Garten machen würden. Und manche mussten ziemlich lange warten. Aber irgendwann tauchten alle Kinder wieder auf, kamen durch das Tor oder auf geheimen Wegen unter den Büschen hindurch wieder aus dem Garten heraus.

In ihren Augen lag oft ein helles Strahlen, weshalb die Eltern zu schimpfen vergaßen und neugierig fragten: »Was ist denn da drin? Was habt ihr denn gemacht?« – »Ach«, sagten die Kinder dann, »da gibt es so schöne Blumen. Die haben wir noch nie gesehen.« Oder: »Die Hängematte ist so schön – und der Himmel so blau!« Oder: »Auf dem Regenfass kann man mit einem Schiffchen fahren, wusstest du das?« Oder: »Die Bäume haben mir eine Geschichte erzählt.«

»Ja«, grollten dann die Eltern, »ja, ja – und dafür haben wir so lange warten müssen? Du weißt doch, wo wir noch hinwollen, und überhaupt, es ist schon spät!« – »Oh«, sagten dann die Kinder und lächelten die Eltern an, »Das haben wir ganz vergessen.«

Und später konnte es passieren, dass die Kinder – ganz entgegen den sonstigen Erfahrungen der Eltern – schon mal sagten: »Wollen wir nicht mal wieder rausgehen – da vor die Stadt, zu dem alten Garten?« Und es soll Eltern gegeben haben, die, als ihre Kinder wieder verschwunden waren, neugierig selbst zum Gartentor kamen und in den Garten hineingingen. Und wenn sie dann mit ihren Kindern abends nach Hause kamen und anderen davon erzählen wollten, was in dem Garten war, dann konnte es schon einmal geschehen, dass ein Vater lächelnd vor sich hin nickte und sagte: »Ich wusste gar nicht mehr, wie sich der Wind in den Bäumen anhört.« Oder: »Hast du gewusst, dass jetzt noch Rosen blühen?« Und die Kinder, die dabei gewesen waren, konnten mit einstimmen. Und sie erzählten von den Vögeln, die dort ihr Nest hatten, von den kleinen Walderdbeeren in der Ecke und dem Moosbett unter den Büschen.

Aber was die, die nicht mit im Garten gewesen waren, nie verstanden: Warum so banale Dinge ein solches Lächeln in die Gesichter zaubern konnte. Wenn sie dann die Kinder oder Erwachsenen danach fragten, sagten diese nur: »Das weiß ich auch nicht. – Aber der Garten ist offen, geh doch einfach hin!«

Gerda Maschwitz

Literatur

Martin Buber, Die Erzählungen der Chassidim, Zürich [9]2003
Anthony de Mello, Der springende Punkt, Freiburg 2001
Rheinischer Verband für Kindergottesdienst, Erzählen mit allen Sinnen, Leinfelden / Echterdingen 2004

Einen großen Fundus an Märchen bietet die Reihe: Märchen der Weltliteratur, München (Eugen Diederichs Verlag).

Malen und Gestalten

Malen ist Weg und Ausdruck zugleich

Irgendwann – ich vermute, es war in der 5. Klasse – bekam ich ein Buch geschenkt, das ich zunächst nur zögernd zu lesen begann. Es schien langweilig zu sein. Doch dann war ich fasziniert und las und las. Dieses Buch berichtete von der Entdeckung der ersten Höhlenmalereien und ich erinnere mich an die verschiedenen Deutungen:

- Waren es Bilder zur Beschwörung der Jagd?
- War es Dank für den Jagderfolg?
- Waren es religiöse, kultische Motive?
- Waren es Ausschmückungen des Alltäglichen?
- War es absichtlose Kunst?
- Oder was könnte es sonst noch gewesen sein?

Wahrscheinlich gehören alle Bedeutungen zusammen. Es waren religiöse und damit kultische Bilder, die Dank, Beschwörung, Opfergaben und wahrscheinlich noch mehr darstellten.

Im Malen drückten sich die unterschiedlichen Erfahrungen dieser frühen Menschen aus. Religiöse Erfahrungen waren intensiv verbunden mit Alltagserfahrungen. Es war eine symbiotische Sicht der Welt: Alles war miteinander verwoben und letztlich eine Einheit. Mit Sicherheit war es keine Idylle, sondern ein harter, anstrengender, angstbesetzter Überlebenskampf, der in diesen Bildern »gebannt« wurde.

Ich hatte später Kunst als Hauptfach im Abitur, was 1970 noch selten war, und ich erinnere mich ungern an meine technischen Malversuche und gern an mein Interesse, einfach malerisch zu gestalten. Ich liebte es, mit Farbe großflächig loszulegen und einfach Raum, Farbe und Licht wirken zu lassen. Diese Freude begleitet mich bis heute.

Durch die Begegnung und Zusammenarbeit mit *Fritz Rohrer* (damals Beratungsstelle für Gestaltung in Frankfurt am Main) in meiner Studentenzeit Anfang der Siebzigerjahre verstärkte sich mein Interesse am kreativen und pädagogisch orientierten Einsatz von Maltechniken. In dieser Zeit fanden überhaupt viele kreative Mal- und Gestaltungstechniken Einzug in die pädagogische und religionspädagogische Arbeit. Vom Malen über Frottagen, vom bunten Zeitungsmachen mit Blau- und Farbmatrizen, von Ytong-Schnitzereien bis zu Styropor-Bildern: Kunst war Ausdruck von Lebensgestaltung, schöpferischem Prozess und Lebensfreude. »Jeder Mensch ist ein Künstler«, war das Motto.

In den Achtzigerjahren lernte ich in Todtmoos-Rütte im Rahmen der initiatischen Therapie geführtes Zeichen (nach Maria Hippius) als Möglichkeit kennen, um den Ausdruck innerer Prozesse zu fördern oder gar erst zu ermöglichen. Mir persönlich hat dies geholfen, Wesentliches aus meiner Lebensgeschichte wahrzunehmen, was ich in Sprache noch gar nicht fassen oder spüren konnte. Gerade tiefe Emotionen, verschüttetes Leid und Bedrängendes, vielleicht auch Verdrängtes, verdeutlichte sich in diesen schöpferischen Prozessen. Noch stärker schätze ich für mich die Tonfeld-Arbeit (nach Heinz Deuser), auf die ich in diesem Kapitel noch zurückkomme. Beide Arbeitsformen haben sicherlich meinen Leitsatz für alles existenzielle und spirituelle Arbeiten mitgeprägt: *»Was Eindruck macht, braucht Ausdruck.«*

Was mir bei der Erinnerung an mein Jugendbuch, bei der Rückschau auf meine Erfahrungen und beim Schreiben dieses Beitrags über das Malen deutlich wurde, war, welch umfassenden Wert malerisches Gestalten hat: Es kann Ausdruck von vergangenen Lebenserfahrungen sein, dient der Lebensbewältigung und Klärung in der Gegenwart und als Wegbeschreibung in die Zukunft.

Malen gehörte lange, meines Wissens bis in die Zeit Albrecht Dürers, in den religiösen, geistlichen Bereich. Die Bilder waren Ausdruck des Glaubens, eine Verherrlichung des Glaubens und Lesebuch der Analphabeten. (Manchmal war es aber einfach auch nur Protzerei der Herrschenden, die Bilder als Selbstbestätigung in Auftrag gaben.) Für den Maler war Malen also Ausdruck und Weg seines Glaubens und in der Auseinandersetzung mit den Motiven und den eigenen Prozessen fand sicher auch Selbstbegegnung statt. Gelang ein Bild und wies es über den Malenden hinaus, findet zugleich eine Begegnung mit dem Betrachter statt. Das Bild ruft bei diesem eine Resonanz hervor.

Malen ist so ein geistlicher, ein persönlicher Weg des Ausdrucks und führt zugleich über den Ausdruck und die Gestaltung hinaus. Das Malen von Ikonen, auch »Ikonen Schreiben« genannt, ist beispielsweise ein tiefer geistlicher Weg, der die »Tür zum Himmel« öffnet, wie ein griechischer Ikonenmaler es im Gespräch einmal nannte. Das Malen geschieht aus der eigenen Existenz und gestaltet sich existenziell. Eine Malerin sagte mir: »Im Malen merke ich, wie sich parallel zur Bildgestaltung auch meine innere Ordnung gestaltet. Das Bild bekommt Format und ich bekomme Format.«

Die Gestaltung des Malprozesses

Aller Anfang ist einfach und schlicht. Ich habe deshalb biografisch angesetzt und zunächst anhand meiner eigenen Erfahrungen den Wert des Malens beschrieben, um Sie einerseits über die Möglichkeiten des Malens zu informieren, um Sie andererseits neugierig zu machen und einzuladen. Manche werden gern beginnen und sich sofort auf das Malen einlassen, andere brauchen Zeit, haben vielleicht Angst, etwas von sich zu zeigen oder haben den Satz verinnerlicht: Du kannst nicht malen. Sicherlich können Menschen sehr unterschiedlich für das Malen begabt sein und – technisch gesehen – mehr oder weniger gekonnt malen. Aber alle Menschen, die ich kenne, haben das Malen probiert und für sich (wieder) entdeckt. Sie haben erfahren, dass sie damit innere Prozesse, Emotionen und innere Bilder auf das Papier bannen können – ohne sich an künstlerischen Kriterien messen zu müssen.

Anregungen zur Steigerung der Intensität

Einige leicht umsetzbare Hinweise helfen, das Erlebnis des Malens zu intensivieren:

- Malen Sie großformatig und wenn möglich auf einer Staffelei, das schafft inneren und äußeren Freiraum. Kleine Pinsel dagegen verlangsamen das Tempo und erhöhen die Achtsamkeit.
- Verbinden Sie das Malen mit einem Thema oder setzen Sie es als Ausdrucksform bei einer Phantasiereise oder bei Traumarbeit ein.
- Geben Sie Beschränkungen vor: Malen sie beispielsweise mit weißer Kreide auf blauem Papier oder schränken Sie die Farbwahl sinnvoll ein (z.B. alles in bräunlichen Tönen halten).
- Geben Sie den Hinweis, aus der inneren Haltung heraus zu malen. Dazu ist eine Zeit der Stille vor dem Malen hilfreich.

- Lassen Sie sich Zeit beim Malen, schauen Sie immer wieder das Bild an und gestalten Sie es weiter.
- Geben Sie dem Malen eine Richtung: Beginnen Sie in der Mitte des Bildes und gestalten Sie das Bild aus der Mitte – oder umgekehrt: Beginnen Sie das Bild von außen auf die Mitte hin zu malen.
- Malen Sie im Schweigen.

Hilfen für die Anleitung

Wer andere anleitet und mit ihnen malt, sollte vor allem drei Dinge beherzigen:

1. Wer anleitet, sollte selbst Freude am Malen haben.
2. Der/die Anleitende sollte die angebotenen Techniken selbst kennen und ausprobiert haben. Man muss nicht Porträtmalen, aber zumindest die einfachen Techniken vermitteln können.
3. Wichtig ist eine gute Vorbereitung, auch der Materialien und des Raumes.

Der Wert des Materials

Eines habe ich in all den Jahren bei der Gestaltung und der Arbeit mit kleinen und großen Leuten gelernt: Jeder künstlerische Prozess braucht gutes und einladendes Material. So sagte ein Achtzehnjähriger nach dem Malen:

»Es gab hier so tolles und wertvolles Material, das mir anvertraut wurde, dass ich ganz sorgfältig und intensiv mit dem Material und mir umgegangen bin. Diese Haltung sieht man auch in meinen Bilder. Sie zeigen etwas von mir, was ich gar nicht wusste. Ich habe etwas von meinem inneren Wert entdeckt.«

Ich achte deshalb darauf, dass weicher und guter Ton zur Verfügung steht und kein hartes Reststück. Meine Pastellkreiden sind zwar nicht immer fein säuberlich sortiert, aber es gibt immer ein reichhaltiges Farbangebot und neuwertige Kästen dazu. Ich lasse auf preiswertem, aber gutem Karton malen und habe auch großformatigen Karton von mindestens DIN-A2-Format dabei. Gerade das Papierformat spielt eine große Rolle. Wenn nicht ein kleines Format aufgrund der Technik erforderlich ist (so etwa bei Kratztechniken), arbeite ich am liebsten mit DIN-A3-Format oder größer. Meine Acrylfarben sind nicht vertrocknet, sondern unvermischt und noch flüssig usw. Besonders bei der Arbeit mit Kindern erlebe ich immer wieder, wie ihnen lieb- und gedankenlos unansehnliches, unbrauchbares Material gegeben wird. Da kommt keine Schaffensfreude auf, innerer Ausdruck wird so blockiert.

Übungen und Techniken

Malexperimente

Malexperimente helfen das eigene schöpferische Potenzial zu entdecken und zu fördern. Sie sind eine gute Vorbereitung, um zunächst einmal überhaupt selbst mit dem Malen in Beziehung zu kommen.

Besorgen Sie sich großformatiges Papier und gute Farben (Acrylfarben, Pastellkreide, Fingerfarbe, Pigmentfarbe für die Finger-Reibe-Technik oder Wasserfarben, am besten mit möglichst großen Pucks). Probieren Sie das Malen einfach aus. Vielleicht nehmen Sie sich dafür freie Tage oder Urlaub. Lassen Sie das, was Sie brauchen (Farben natürlich verschlossen) auf einem Tisch liegen, damit Sie immer wieder davon angesprochen werden und spontan ans Gestalten gehen können, wann immer Sie Lust dazu verspüren.

Action painting

Allein oder in Gruppen kann das freie Malen zum Ausdruck der momentanen inneren Befindlichkeit werden. Mit Fingerfarben vor allem bei Kindern, Wasserfarben oder Acrylfarben eher bei Älteren, werden Empfindungen spontan in Farbe und Form umgesetzt. Im Dialog zwischen dem inneren Gefühl und der Wahrnehmung, was daraus auf dem Papier schon entstanden ist, entstehen originelle und authentische Kunstwerke. Action painting geschieht schnell; mit wenigen Pinselstrichen oder mit wenigen Handstrichen entsteht das Bild. Dabei darf es ruhig viele Bilder in kurzer Zeit geben.

Dialogisches Malen oder Dialogische Kalligraphie

Dialogisches Malen ist eine spannende, sehr verdichtete Form von Interaktion beim Malen.

Als Material eignet sich besonders Tusche. Da Tusche aber sehr schnell bleibende Tupfer und Flecken hinterlässt, kann man es auch mit Acryl- oder Wasserfarben probieren. Das Papier sollte DIN A3 oder DIN A2 groß sein.

Das Papier liegt zwischen den Malenden, der farbgesättigte Pinsel daneben. Dann sammelt sich der erste Malende in einer Zeit der Stille, am besten mit geschlossenen Augen. Aus dieser inneren Sammlung heraus öffnet er die Augen, nimmt den Pinsel und macht einen Strich. Dann sammelt sich der zweite mit Blick auf das Papier und antwortet mit einem zweiten Strich. Wenn nötig, fügt einer von beiden noch einen dritten Strich hinzu.

Intensiv und optisch brillant ist es, mit zwei verschiedenfarbigen Tuschen (z.B. rot und schwarz) zu arbeiten.

Einzeltechniken

Kohlezeichnung

Sie brauchen schwarze Malkohle und festen weißen Karton, auch leicht beiger Karton wirkt intensiv.

Kohlearbeiten sind gerade für dunkle Themen gut geeignet. Leiden, Kummer, unangenehme Erfahrungen oder schwere Träume lassen sich so ausdrucksvoll gestalten.

Es hat sich als anregend erwiesen, das Standardformat des Kartons für diese Aufgaben zu ändern. Ich lege oft länglich oder quer halbierte Formate zur Auswahl hin.

Aufhellen

Nehmen Sie großformatigen schwarzen oder zumindest dunklen Karton. Wenn Sie auf dunklem Karton malen wollen, müssen Sie notwendigerweise eher helle Farben verwenden. Man nennt dies Aufhellen. Je nach Thema oder Erfahrung, die nach Ausdruck verlangt, wird so auch die eigene Stimmung »aufgehellt«. Das Malen färbt auf den inneren Prozess ab.

Zauberkreide

Eine Variante ist das Malen mit Zauberkreide: Normale bunte Schulkreide wird 30 Minuten in eine satte Wasser-Zucker-Lösung gelegt. Danach ein paar Minuten auf Küchenkrepp abtropfen lassen, dann kann mit ihr gemalt werden. Lassen Sie sich überraschen und verzaubern!

Nasstechniken

Nasstechniken haben einen besonderen Reiz und beziehen den Zufall mit ein. Hier eignen sich kleinere Formate und recht fester, aber rauerer Karton. DIN A4 ist eine gute Größe. Das Papier wird ein paar Mal mit einem feuchten Schwamm überstrichen. Es sollte aber nicht so nass sein, dass es sich sofort wellt.

Auf dem so vorbereiteten Papier können Sie entweder mit Aquarellstiften oder mit Wasserfarben und Pinsel arbeiten. Ich benutze dafür kleine Borstenpinsel und feine Haarpinsel mit satter Farbe im Pinsel. Je nach Grad der Feuchtigkeit verläuft die Farbe in charakteristischer Weise und es entstehen wie von selbst zauberhafte Gestaltungen.

Diese Technik eignet sich besonders für Luft- und Wasserthemen und für den Ausdruck zarter Gefühle.

Großformatiges Malen

Besorgen Sie sich Acryl-Farben und festen Karton. Decken Sie die Tische ab und geben Sie allen Mitmalenden je einen eigenen Tisch. Dort liegt der Karton (DIN A1), evtl. sogar festgeklebt. Auf einem Extra-Tisch stehen die Farben und Plastikteller oder noch besser feste Pappteller oder -schalen oder Ähnliches, die als Malpalette dienen. Jeder kann sich (anfangs bitte nur wenig) Farbe auf die Palette tun. Auf der Palette kann nun gemischt werden. Zum Säubern des Pinsels haben alle ein größeres Wasserglas oder ein kleines Plastikeimerchen.

Arbeit mit der Staffelei

Wer einen Kreativraum hat, kann auch mit Staffeleien arbeiten. Das spart Platz und ist stimmungsvoller und motivierend. Auch ist der Körper beim Malprozess im Stehen stärker einbezogen.

Thematische Anregungen und Impulse zum Malen

Es kann dem Malprozess thematische Einbettung oder andere Impulse zum Malen vorgegeben werden. Im Folgenden beschreibe ich einige Anregungen.

Malen nach Musik

Malen nach Musik ist der Versuch, die Resonanz eines Musikstückes in mir sichtbar zu machen. Als Musik eignet sich am Anfang ruhigere Instrumentalmusik, später kann man die Übung nahezu mit jeder Musik probieren.

Einzelarbeit

Als Vorbereitung werden Papier und Stifte oder Pinsel und Farben bereitgelegt. Jede/r erhält ein eigenes Blatt. Dann wird die Musik – z.B Ravels »Bolero« oder eine Bachkantate oder ein langsames Rockstück wie »Wind of change«, oder eine Filmmusik etwa von Vangelis – einmal gespielt und schweigend angehört. Oft entstehen dabei schon innere Bilder und Farbvorstellungen. Beim zweiten Abspielen können alle nach ihrem eigenen Tempo mit dem Malen beginnen, gegebenenfalls wird die Musik noch ein drittes Mal gespielt. In Stille beenden alle ihr Werk.

Die Bilder können gemeinsam betrachtet werden, evtl. kann man sich darüber austauschen.

Gruppenarbeit

Alle malen auf einem Papierbogen. Dazu werden viele Tische aneinander geschoben und abgedeckt. Geeignet ist festes braunes Packpapier (5m × 1m) oder entsprechende Papierrollen aus dem Fachhandel. Papiertischdecken haben sich nicht bewährt, sie reißen zu schnell.

(Eine Variante finden Sie im Kapitel über Interaktionsübungen – Malen als Gruppenprozess, s. S. 85f.)

Hinweis: Die Maltechnik ist variabel, alle sollten allerdings in derselben Technik malen. Die einheitliche Gestaltungsform verbindet das Bild bei einem Gruppenprozess.

Malen zu einem Thema

Türschild-Malen

Malen als Zugang zu einem Thema hilft, dieses ganzheitlicher zu erfassen. Als Einstiegsform eignet sich gut eine Methode, die ich Türschild-Malen nenne. Dazu lade ich ein, sich 15 Minuten Zeit zu nehmen, um das, was ein bestimmter Begriff in uns berührt, durch ein Bild, die freie Anordnung von Form und Farbe oder durch die Ausgestaltung der einzelnen Buchstaben auszudrücken. Dies sollte intuitiv ohne großes Bedenken geschehen. Begriffe, mit denen ich gute Erfahrungen gemacht habe, sind: Stille, Friede, Freiheit, Sehnsucht, Glaube, Hoffnung, Leben, Ich oder der eigene Name.

Als Einstieg reichen 15 Minuten und ein DIN-A4-Blatt, Buntstifte oder Wachsmalkreiden.

Für eine längere und intensivere Beschäftigung kann mehr Zeit gegeben und das Format vergrößert werden.

Malen zu einem Text

Ähnlich wie in der vorangegangenen Übung kann auch eine Aussage, ein Text oder auch ein Gedicht gestaltet werden. Je nach Länge des Textes sollte das Format entsprechend größer gewählt werden. Auch hier geht es weniger um ein Bedenken als darum, den Text innerlich zu bewegen und den Ausdruck daraus entstehen zu lassen.

Diese Form ist z.B. bei Einkehrtagen gut geeignet, um einem Bibeltext neu zu begegnen. Ich habe schon Themen vorgegeben wie »Der Mensch ist wie ein Baum« oder »Stelle deine Füße auf weiten Raum« oder »Stille und Vertrauen schenken euch Kraft« oder »Ich bin der Weinstock, ihr seid die Reben« oder »Die Würde des Menschen ist unantastbar«.

Wie beim Malen nach Musik sollte der Text zunächst eine Zeit in der Stille wirken, ehe mit dem Malen begonnen wird. Wichtig ist auch, darauf hinzuweisen, dass nicht gegenständlich gemalt werden muss.

Malen als Ausdruck

Bei vielen anderen existenziellen Methoden dient Malen als Phase des Ausdrucks und der Integration. So kann ich nach Phantasiereisen, nach meditativen Übungen, in der Traumarbeit und auch nach Körperübungen im Malen dem Ausdruck geben, was ich in der jeweiligen Übung erlebt habe und was mich bewegt hat. Im Malen kann die Erfahrung noch nachklingen und erste Gestalt gewinnen, manchmal sich auch noch weiterentwickeln. Das Malen verhindert, dass Erfahrungen zerredet oder gleich wieder verdrängt werden.

Die Bilder müssen nicht ausgestaltet werden, oft reicht ein Skizzieren, manchmal sogar wenige Farbpunkte und Striche (vor allem in der Traumarbeit). Als Material sind Stifte oder weiche Wachsmalkreiden und DIN-A3-Papier sinnvoll.

Malen im lebensgeschichtlichen Kontext

Malen ist nicht nur Ausdruck lebensgeschichtlicher Prozesse, Spiegel innerer Freude oder anderer Gefühle, sondern im Malen und durch Malen kann auch ein Stück des Lebensweges festgehalten und sichtbar gemacht werden. Oft werden im Bild schon Dinge deutlich, die im Bewusstsein noch nicht angekommen sind. Zwei Beispiele möchte ich erläutern.

Der Malteppich

Malen kann als Ausdruck des Prozesses während eines längeren Zeitraums dienen:

Bei einer Schweigewoche bekamen alle eine Rolle von nicht zu festem Karton, etwa 30 cm hoch und 210 cm lang. Jeden Nachmittag hatten die Teilnehmenden eine Stunde Zeit, mit Pastellkreiden das Bild weiterzugestalten. Eine weitere Vorgabe bestand nicht. Es wuchs ein Bild, dass die eigenen Themen der Woche ver(sinn)bildlichte. In einer Museumsrunde – alle Bilder lagen auf dem Boden oder hingen an der Wand – konnten die Bilder am Ende schweigend betrachtet werden. Solche Bilder sind auch geeignet für eine Schlussbesprechung am Ende einer Schweigewoche, am besten geschieht dies in Kleingruppen.

Das Lebenspanorama

In manchen Kursen, die über mehrere Tage gehen, bitte ich die Teilnehmenden am zweiten Tag, ein intensives Lebenspanorama zu malen. Ich habe zwei Grundtechniken entwickelt:

- Es werden Einzelbilder zu Lebensstationen gemalt und die Bilder werden dann in der entsprechenden Reihenfolge auf der Rückseite mit breitem durchsichtigen Paketband zusammengeklebt.

- Es werden die Bilder von einem Punkt des Lebens aus vorwärts oder auch rückwärts auf eine lange Papierrolle gemalt.

Für diesen Malprozess eignen sich Acrylfarben nicht so gut, da sie beim Zusammenrollen leicht abplatzen. Pastellkreide, Aquarelltechnik oder Wasserfarben sind besser zu handhaben.

Die Bilder können in den folgenden Tagen verändert, überklebt und erweitert werden.

Auch beim Lebenspanorama wird im Malen vieles deutlich, was noch nicht bewusst versprachlicht werden konnte.

Ikonen-Malen als geistlicher Weg

Anfangs habe ich schon angedeutet, dass Malen früher ein geistlicher Weg war und auch heute noch sein kann. Ein ausgesprochen intensiver Weg ist das Malen einer Ikone. Die Ikone ist in ihrem Stil und ihrer Technik einerseits eine strukturierende Vorgabe, andererseits ist das Malen selbst ein offener Prozess. So wie ich Ikonenmalen kennen und schätzen gelernt habe, geschehen auf dem Weg vier Dinge:

- Ikonenmalen ist ein Gebetsweg – der Malende verweilt im Malen in der Gegenwart Gottes.
- Im Malen begegne ich mir selbst – Malen wird zum Erkenntnisprozess.
- Eigene Lebensthemen tauchen im Malprozess auf, geistliche Aspekte durchdringen im Malen die Lebensthemen.
- Die Technik wird unterwegs gelernt und hilft den eigenen Prozess zu strukturieren. Das selbst gemalte Bild ist ein Ergebnis des Weges und auch ein wenig Belohnung.

Es gibt unterschiedliche Malschulen, z.B. die griechische oder russische Schule. Wesentlicher ist der Unterrichtende. Wählen Sie sich keinen Lehrer bzw. keine Lehrerin, der/die Ikonenmalen nicht als geistigen Weg selbst praktiziert, Sie verpassen sonst das Beste an diesem Weg.

Vermeiden Sie es auch, Ikonen technisch und in Menge zu produzieren. Man sieht es den Bildern wirklich an, ob sie aus dem Herzen und im Gebet gemalt sind: Dann scheint nämlich die Wirklichkeit Gottes durch sie hindurch.

Arbeiten und Gestalten mit Ton

Zugegeben, ich bin kein Töpfer, meine Vasen füllen keine Regale, aber von Kursen habe ich die eine oder andere Skulptur noch zu Hause liegen. Sei es mein Skelett aus einem Eutoniekurs, sei es ein Gegenstand aus einem Traum oder einer Phantasiereise, sei es ein Rad, das in sechs Abschnitten meine Erfahrungen während einer Meditationszeit festhält.

Heinz Deuser hat mit der Arbeit am Tonfeld innerhalb der initiatischen Therapie auf geniale Art und Weise das Medium Ton in die therapeutische Arbeit eingebracht. Ich kann allen nur zu dieser therapeutischen Arbeit am Tonfeld raten, die ihre Emotionen nicht ausdrücken können, die Verschüttetes begreifen (wörtlich gemeint) wollen, die Ausdruck für (noch) nicht Bewusstes suchen.

In diesem Buch beschränken wir uns auf weniger. Es geht um pädagogisches und geistliches Arbeiten mit Ton. Drei Anregungen für die Arbeit mit Ton habe ich aufgeführt, die unterschiedlich eingesetzt werden können.

Mit Ton blind arbeiten

Ich drücke Menschen immer dann, wenn besonders intensiv nach Ausdruck gesucht wird, eine Kugel weichen Tons in die Hand. Allein das Begreifen von Ton gestaltet und verändert. Ich gebe oft nur den Hinweis: »Drücke deine Empfindungen aus.« Oder: »Gestalte das Wesentliche aus deinem inneren Bild oder gestalte das, was dich aus dieser Geschichte berührt hat.«

Die Augen sind während des ganzen Prozesses geschlossen. Beim ersten Mal kann das irritierend sein, danach ist es ausgesprochen hilfreich.

Tonprozesse und Skulpturengarten

Bei mehrtägigen Veranstaltungen kann, wie oben schon beim Malen beschrieben, jeden Tag eine Figur, ein Teil neu gestaltet werden. So entsteht allmählich ein Skulpturengarten. Die Tonarbeiten können getrocknet und dann mit nach Hause genommen werden. Diese Gestaltungsform fasziniert Menschen aller Altersstufen und kann schon ab 4 Jahren eingesetzt werden. Bitte auch hier nicht vergessen: Während des Gestaltens bleiben die Augen geschlossen!

Landschaften im Gruppenprozess gestalten

Bei dieser Arbeitsform wird flach gearbeitet. Es entstehen eher Reliefs mit Erhebungen oder auch kachelartige Gebilde. Hier wird mit offenen Augen gearbeitet und alle bringen ihre Gestaltungen in das Ganze ein. Es entsteht so etwas wie ein Gruppenbild aus vielen kleinen Teilen.

Ausgangspunkt kann ein bestimmtes Thema, ein Gedicht oder ein Psalm sein. Stellen Sie sich den Psalm 23 als Gruppengestaltung vor oder das Vaterunser oder ein Gedicht wie »Stufen« von Hermann Hesse.

Die Arbeitsweise kann von vornherein gemeinschaftlich angelegt sein (Kleingruppen) oder mehrere Einzelarbeiten werden am Ende zusammengefügt. Dabei kann jede/r sich den Vers aus einem Gedicht oder Bibeltext aussuchen, der ihn/sie berührt, und gestaltet diesen in Ton.

Literatur:

Christa Henzler/Ingrid Riedel, Malen, um zu überleben, Stuttgart 2003
Ingrid Riedel, Maltherapie, Stuttgart 2004
Gisela Schöller, Heilung aus dem Ursprung, München 1983 (vergriffen, aber die beste Kurzinformation über die Praxis und Methoden der initiatischen Therapie)
Elisabeth Tate, Handbuch der Maltechniken, Stuttgart 2002

Interaktionsübungen und -spiele

Was sind Interaktionsübungen?

»Niemand ist eine Insel«, schrieb der englische Dichter John Donne (1572–1631) in einem Gedicht. Keiner wird mit sich allein glücklich. Der Mensch ist grundlegend auf Beziehung angelegt.

Interaktion beschreibt die Wechselbeziehungen zwischen Menschen, was mit mir selbst und mit anderen geschieht, wenn Beziehung stattfindet.

Während der Mensch im Alltag oft spontan handelt, reagiert und sie agiert, können durch gezielte Übungen Grundmuster und wichtige Themen der Interaktion verdeutlicht und bewusst reflektiert werden. Solche Übungen nennt man Interaktionsübungen oder in lockerer Form Interaktionsspiele.

Auf diese Weise können grundlegende menschliche Themen erfahrbar werden, die sonst kognitiv nur begrenzt vermittelbar sind. So sind beispielsweise Erfahrungen zu den Themen Vertrauen, Geborgenheit, Nähe und Distanz, Verantwortung und Loslassen möglich.

Zusammenfassend kann man sagen: In Interaktionsübungen geschieht beispielhaftes Lernen an beispielhaften Themen zwischenmenschlicher Beziehungen.

Einige Grundregeln der Interaktion

Damit diese Übungen nicht banalisiert werden, ist es hilfreich einige Grundregeln der Kommunikation und der Interaktion zu kennen:

- Man kann nicht nicht kommunizieren (*Paul Watzlawik*).
- Interaktion geschieht durch all unsere menschlichen Beziehungsmöglichkeiten, also verbal und non-verbal und mit allen Sinnen (sehen, hören, fühlen, tasten, riechen, schmecken).
- In der Interaktion bin ich immer Gebender und Nehmender, also Sender und Empfänger.

- Interaktion hat verschiedene Intensitäten.
- Interaktion beginnt mit meiner Interaktionsfähigkeit (Beziehungsfähigkeit) und setzt mindestens einen Zweiten oder eine Gruppe voraus.

Interaktionsübungen als existenzielle Methode?

Sind Interaktionsübungen wirklich eine existenzielle Methode? Wir haben dies miteinander diskutiert und uns dann für ein zögerndes Ja entschieden.

Interaktionsübungen hatten ihre Hochzeit von Mitte der 1960er- bis Ende der 1980er-Jahre. Vor allem im Zusammenhang mit der Gruppendynamik dienten sie als Experimentierfeld für neue Verhaltensmöglichkeiten und als gezielte Form der Selbsterfahrung.

Die Stärke der Interaktionsübungen ist die Vertiefung der Wahrnehmung der eigenen Person in Beziehung zu einer anderen Person. Dies hebt sie unter all den anderen Methoden hervor: (Fast) alle Übungen sind auf ein Du oder ein Wir bezogen. Im günstigsten Fall erkennt jemand im Kontakt zum anderen Menschen seine eigene Person und Aspekte seiner Menschwerdung. Er wird in seiner Existenz berührt – bei vielen Übungen ist dies ganz wörtlich zu nehmen: Er wird berührt und lässt sich berühren. Dieses Geschehen deutet schon die mögliche spirituelle Seite der Übungen an.

So können wir sagen: Interaktionsübungen sind dann existenziell, wenn sie den Menschen in seinem So-Sein berühren, neue Wahrnehmungsprozesse einleiten und Reifung und Wandlung begünstigen oder gar fördern. Und dies können sie in der Tat.

Sind Interaktionsübungen spirituell?

Da der spirituell suchende Mensch auch eine Beziehung zu Gott eingehen will, gilt das für Interaktionen unter Menschen Wesentliche in vielen Dingen auch für die Beziehung zum Urgrund des Lebens, also zu Gott. Deshalb lassen sich in Interaktionsübungen und -spielen Grunderfahrungen im menschlichen Miteinander sammeln, die Erfahrungen mit Gott deuten, verdeutlichen und anregen können. Besonders in der Verbindung mit existenziellen Themen wie z.B. Vertrauen oder Geborgenheit bekommen Interaktionsübungen eine spirituelle Dimension.

Zugleich erfordern Interaktionsübungen eine tiefe ethische Grundhaltung, wenn Menschen sie anleiten und wenn Menschen sie erfahren. Der Respekt und die Achtung vor den anderen setzt den Übungen Rahmen und Grenzen.

Was Interaktionsübungen intensiviert

Alle Übungen sind in sich einfach und klar. Komplizierte Interaktionsübungen sind nicht unbedingt intensiver.

An der bekanntesten Interaktionsübung, dem »Blindführen« (siehe Übungsteil) lassen sich die Vertiefungsmöglichkeiten gut erläutern. Die Übung vertieft sich durch:

- *die Zeitdauer:* 5 Minuten sind anders als 30 Minuten.
- *die Art des Kontakts* bzw. der Berührungen: Ich kann die ganze Hand halten und sanft schieben oder ziehen. – Ich kann die Hand auf die Schulter legen und von dort führen. – Ich kann mit dem Kontakt an den Fingerkuppen führen.
- *die Verlangsamung:* Je langsamer ich führe, desto intensiver wird die Wahrnehmung, die Sicherheit und das Vertrauen.
- *den Raum:* Ein überschaubarer geschlossener Raum lässt sich anders erschließen als ein fremdes Haus. Ein Gang über eine glatte, offene Wiese unterscheidet sich von einer Führung durch Berg und Tal und Wald. Hell und Dunkel nimmt man auch mit geschlossenen Augen wahr.
- *das Vertrauen* und die Ernsthaftigkeit zwischen den Übenden.

Zur Anleitung der Übungen

Es gibt eine Grundregel für alle Übungen: Niemand wird dabei hereingelegt oder aufs Glatteis geführt. Die Übungen setzen Ernsthaftigkeit, Achtsamkeit und Wohlwollen voraus. Wenn Gruppen sich an diese Regeln nicht halten, müssen die Übungen abgebrochen werden. Umgekehrt müssen die Übungen aber auch so angeleitet werden, dass die Teilnehmenden verstehen, um was es geht. Oft führen Missverständnisse dazu, dass aus Vertrauensübungen Mutproben werden. Diese Übungen sollen helfen, Vertrauen zu entwickeln und nicht testen, wie groß das Vertrauen ist!

Viele Übungen beinhalten gegenseitige Berührungen der Teilnehmenden. Bedenken Sie bei der Anleitung, dass Berührung etwas Intimes ist. Nicht jeder Mensch ist es gewohnt, von anderen Menschen berührt zu werden. Berührungen können starke Gefühle auslösen. Andererseits wissen wir, dass Kinder ohne Berührung verkümmern und verelenden würden, nur mit und durch Berührung und Kontakt lernen sie Menschenfreundlichkeit, erfahren sie Liebe und Zuwendung.

Da nun Berührung einerseits etwas ganz Normales ist und andererseits sehr intim, ist es besonders wichtig, dass Interaktionsübungen angemessen angeleitet und durchgeführt werden. Es gibt klare Regeln und Grenzen, die einzuhalten sind:

- Berührung geschieht nur da, wo sie verabredet wurde.
- Absprachen können nur gemeinsam verändert werden.
- Wem etwas zu dicht an die Haut und unter die Haut geht, der kann und soll »Stopp!« sagen.
- Es darf keinerlei Zwang und Manipulation – etwa nach dem Motto: »Stell dich nicht so an!« – geben.
- Der Verantwortliche darf Übungen nicht zur Befriedigung eigener Defizite (z.B. Kontaktarmut) einsetzen.

Bei vielen Übungen ist es sinnvoll, die Augen zu schließen, um sich ganz auf die Wahrnehmung der anderen Sinne bzw. der inneren Befindlichkeit konzentrieren zu können.

Bitte denken Sie daran, dass besonders kleine Kinder die Augen nicht immer schließen können, sondern zur Vergewisserung zwischendurch blinzeln. Dies ist normal. Sie erreichen durch Lob mehr, als durch die stete Ermahnung, die Augen doch wirklich geschlossen zu halten. Das Verbinden der Augen darf nur freiwillig geschehen. Bewährt haben sich auch Schlafbrillen, wie sie bei Langstreckenflügen verteilt werden, weil sie einfach zu handhaben sind.

Übungen zur Interaktion mit Dingen: Einstiegsideen

In den folgenden kleinen Übungen beginnt bereits Interaktion, baut sich bereits eine Beziehung auf:

- Nehmen Sie verschiedene kleine Gegenstände, z.B. Steine, raue und glatte Kiesel, Holz, Metall, Glaskiesel, Wachswaben, Klicker, Kugeln und ertasten Sie diese blind. Lassen Sie sich wirklich Zeit für Ihr Gefühl, für Ihr Fühlen.
- Riechen Sie verschiedene Gerüche und Gewürze blind. Eine Variante ist das Riechen verschiedener Erdsorten – Walderde, Sand, Lehm, Humus, Blumenerde.
- Erfühlen Sie einen Baum blind, erspüren Sie seinen Umfang, seine Rinde, seine Äste und Blätter. Variante: Ertasten Sie blind den Boden unter ihren Füßen mit ihren Füßen.
- Die Vier-Elemente-Übung (Feuer – Erde – Wasser – Luft): Sie brauchen eine angezündete Kerze, eine Schale mit kaltem oder im Winter angenehm warmen Wasser, einen Eimer mit Erde und einen Blasebalg oder eine große Luftpumpe. Mit geschlossenen Augen werden die vier Elemente – unter Begleitung und Anleitung – erfühlt.

Übungen für Einzelne

Jede Beziehung beginnt bei mir. Deshalb sind Interaktionsübungen auch eine Möglichkeit, zu sich selbst eine Beziehung zu finden und sich auf sich selbst einzulassen.

Hier werden einige kleine Einzelübungen vorgestellt, die jeder für sich ausprobieren kann, die aber auch in der Gruppe angeleitet werden können.

Gangarten ausprobieren

Gehen Sie durch den Raum und probieren Sie nacheinander aus:

- Schnell gehen, so langsam wie möglich gehen, nie zwei Füße gleichzeitig ganz auf dem Boden haben, den Raum durchmessen, im Kreis, im Rechteck, im Oval, im Quadrat gehen.

- Berufsbezogen gehen: als Soldat, Bettler, Priester/Pfarrer, Gepäckträger, Briefkurier, Broschürenverteiler, als Engel, Sanitäterin, Mann, Frau, Kind, Junge oder Mädchen mit 13 Jahren, Richter, Lehrer auf dem Pausenhof und auf dem Heimweg.
- Als Tier gehen: Storch, Katze, Elefant, Dackel, Reh, Spatz, Ente, Nashorn, Pferd.
- In verschiedenen Stimmungen gehen: müde, fröhlich, eilig, verträumt.

Allein blind gehen

Die Übung ist im Raum und im Freien möglich. Schließen Sie die Augen und gehen Sie durch den Raum. Nehmen sie den Raum, den Erdboden nur mit den Füßen wahr. Die Arme werden nicht eingesetzt.

Variante

Ertasten Sie den Raum/die Natur mit den Händen. Bewegen Sie sich blind durch den Raum und erfühlen den Raum/die Natur mit all den Dingen, denen Sie begegnen.

Sich selbst ertasten

Stellen Sie sich hin und schließen Sie die Augen. Ertasten Sie sich selbst. Beginnen Sie beim Gesicht und enden Sie bei den Füßen. In der Gruppenanleitung können altersspezifisch auch nur einige Teile des Leibes ausgewählt werden. Oft ist eine Beschränkung – z.B. nur beide Füße nacheinander ertasten – sinnvoll und ausreichend.

Die Gesichts- oder Fußmassage

Die Gesichtsmassage schließt an die obige Übung an. Mit den Fingerspitzen wird das Gesicht ertastet und dann vorsichtig massiert. Lassen Sie in der Stille die Übung nachklingen.

Das Gleiche können Sie mit den Füßen machen, der Kontakt der Finger kann hier auch fester werden.

Energieball

Setzen Sie sich bequem aufrecht hin. Vor Ihnen sollte Platz vorhanden sein. Nehmen Sie Ihre Hände vor den unteren Bauch, sodass die Handinnenflächen zueinander zeigen. Nähern Sie die Hände so aneinander, dass Sie die Wärme fühlen. Konzentrieren Sie sich so auf die Hände, dass durch Ihre Aufmerksamkeit die Wärme zwischen den Händen steigt.

Variante 1

Falls keine Wärme zu spüren ist, reiben Sie ihre Hände kurz aneinander. Machen Sie dies aber nur, wenn Sie wirklich sonst nichts spüren.

Variante 2

Nehmen Sie ihre Hände so weit auseinander, wie es möglich ist, ohne den »Wärmekontakt« zur anderen Hand zu verlieren. Spielen Sie mit dieser Möglichkeit.

Variante 3

Stellen Sie sich vor, zwischen Ihren Händen sei ein Energieball. Sie können diesen Ball größer und kleiner werden lassen und ganz unterschiedlich halten. Experimentieren Sie damit.

Aufmerksamkeitsübung »Weg«

Die Übung findet draußen statt. Sie gehen dazu ca. 300 Meter eines Weges. Die Übung sollte zweimal hintereinander erfolgen. Beim ersten Mal gehen Sie den Weg mit offenen Augen und notieren danach die wichtigsten Eindrücke.

Danach gehen Sie den Weg (in derselben Richtung) mit geschlossenen Augen – ohne geführt zu werden. Notieren Sie die Eindrücke und vergleichen Sie.

Übungen zu zweit oder zu dritt

Der Vertrauensspaziergang

Diese eingangs bereits erwähnte Übung ist sicherlich die bekannteste Interaktionsübung, zumal sie viele Veriationen erlaubt.

Zwei Personen, die sich vertrauen, finden sich freiwillig zusammen. Eine Person schließt die Augen, die andere Person führt die erste nun durch den Raum oder die Natur. Das Führen geschieht achtsam. Nach einer festgelegten Zeit wird gewechselt. Danach werden in den Zweiergruppen oder mit allen gemeinsam die Erfahrungen gesammelt und ausgetauscht.

Thema: Führen und geführt werden, mich anvertrauen, Verantwortung übernehmen.

Variationen

- *Führungsstil:* Mit der ganzen Hand führen – eine Hand wird auf die Schulter gelegt – der Kontakt wird nur durch die Fingerkuppen gehalten.
- *Gelände:* Unebenes, natürliches Gelände, an Hecken vorbei, fühlen lassen. Im Raum: Treppen, verschiedene Räume.
- *Zeitdauer und Tempo des Führens:* Gerade Verlangsamung und eine lange Zeitdauer intensivieren die Übung.

Sich anlehnen, fallen lassen und gehalten werden

Es tun sich drei Personen zusammen, die sich einander anvertrauen wollen. Zwei Personen stehen einander dicht gegenüber und sehen sich an. Die dritte Person tritt dazwischen und schließt die Augen. Sie hat die Füße parallel nebeneinander, ihr Leib ist aufgerichtet und hat so viel »Arbeitsspannung«, dass er relativ steif, wie aus einem Stück ist. Die beiden Außenstehenden legen ihre Hände der Person in der Mitte an oder auf die Schultern und lassen sie auf sich sinken bzw. schieben sie auf das Gegenüber zu. Die Person in der Mitte lässt sich so weit darauf ein, wie sie kann. Die Außenstehenden gehen mit der Zeit etwas auseinander, lassen aber die Hände auf der Schulter.

Variante 1

Mit der Zeit werden die Hände kurz von der Schulter genommen und so lässt sich die Person in der Mitte etwas fallen.

Variante 2

Der Abstand wird vergrößert, aber er bleibt sicher. Die beiden Außenstehenden testen nicht ihre Möglichkeiten, sondern sind für die Person in der Mitte vertrauensvoll zuständig. Je gleichmäßiger die Bewegung ist, desto besser.

Thema: Sich anvertrauen, loslassen und gehalten werden.

Gummiband

Zwei Personen stehen einander gegenüber. Sie halten ihre beiden Hände parallel zueinander, ohne dass ihre Hände sich berühren. Eine Person führt durch die Bewegung ihrer Hände, die andere folgt der Bewegung. Anschließend Wechsel.

Variante 1

Keine Person führt dauernd, sondern miteinander wird dies nonverbal über die Hände geregelt. Es entstehen gemeinsame Bewegungsabläufe.

Variante 2

Die Hände berühren sich – eventuell auch nur an den Fingerspitzen.

Variante 3

Die Augen sind geschlossen. Die Hände berühren sich nicht, haben aber nur ganz geringen Abstand, sodass die Wärme wie ein »Gummiband« verbindet. Wenn einer von beiden »Stopp!« sagt, darf kurz geschaut und wieder eine neue Verbindung hergestellt werden.

Thema: Führen und geführt werden, den anderen spüren.

Gemeinsam Aufstehen

Dies ist eine einfache und verblüffende Übung: Zwei etwa gleich große Personen sitzen Rücken an Rücken auf dem Fußboden. Sie ziehen nun ihre Füße heran und geben durch die Fußsohlen Druck in den Boden. Mit dieser Kraft drücken sie sich Rücken an Rücken in die Senkrechte. Mit einiger Übung geht dies spielend leicht.

Thema: konstruktiver Widerstand, gemeinsame Kraft nutzt beiden.

Rückenschaukeln

Zwei einander vertraute Menschen tun sich zusammen. Eine Person legt sich (auf einer Decke) mit dem Bauch nach unten auf den Boden. Der Kopf kann auf einem flachen Kissen liegen, die Arme liegen neben dem Körper.

Die andere sitzt auf dem Boden daneben und ertastet mit einer Hand das Kreuzbein. Die Handfläche legt sich auf das Kreuzbein und übt einen leichten Druck aus. Mit der Hand auf dem Kreuzbein wird nun der Liegende geschaukelt. Der ganze Körper gerät durch das Schaukeln in seine Eigenschwingung. Die Hand wandert nun die Wirbelsäule schrittweise bis zum Schulterbereich aufwärts und wiederholt das Schwingen. Je weiter die Hand aufsteigt, desto weniger Körperpartien schwingen mit. Danach wandert die Hand schrittweise zum Kreuzbein zurück und schließt, wie sie begonnen hat.

Thema: Mich anvertrauen, loslassen.

Den Kopf wiegen

Wieder finden zwei Menschen, die sich vertrauen, zusammen. Einer legt sich auf den Rücken und versucht sich gut abzulegen. Der zweite sitzt hinter dem Kopf. Er nimmt den Kopf des Liegenden sanft in seine Hände. Zunächst hält er ihn einfach so fest. Dann kann er mit sanften, sehr vorsichtigen Bewegungen anfangen, den Kopf zu bewegen. Schön ist dies zu ruhiger Musik. Nach einer vereinbarten Zeit (5–10 Minuten) wechseln die beiden Partner.

Thema: Mich anvertrauen, loslassen.

Übungen in und mit einer Gruppe

Aufeinander zugehen

Es bilden sich in einer Gruppe Pärchen. Eine Vertrautheit ist nicht wichtig. Zufallspaare sind gut möglich.

Die Paare stellen sich in einem großen Raum in zwei Reihen einander gegenüber auf. Nun gehen die Paare so weit aufeinander zu, bis der Abstand für beide stimmt. Prüfen Sie jeweils genau, welche Nähe und Distanz Sie wirklich brauchen.

Variante 1

Die Übung wird nur über Augenkontakt durchgeführt.

Variante 2

Die Übung geschieht mit geschlossenen Augen. Diese Variante darf ruhig öfter wiederholt werden, bis der Abstand stimmt.

Variante 3

Nur eine Seite bewegt sich, die Partner auf der anderen Seite sagen Stopp.

Thema: Nähe zulassen, sich abgrenzen können.

Den Raum der anderen spüren

Die Teilnehmenden stellen sich in zwei Reihen einander gegenüber auf. Dabei stehen die Paare an einem Ende ca. drei Meter auseinander, am anderen Ende nur noch einen halben Meter. Jede/r, der/die möchte, kann nun langsam durch die Reihen gehen und spüren, wie er/sie den immer enger werdenden Raum wahrnimmt. Wenn ihm/ihr die anderen zu dicht werden, bleibt er/sie stehen.

Dies kann man gut mit offenen und dann mit geschlossenen Augen ausprobieren.

Meinen Platz im Raum finden

Wer in einen neuen Raum kommt, orientiert sich unbewusst oder bewusst und sucht sich den Platz, der seinen Empfindungen am besten entspricht. Mit dieser Übung können alle bewusst ihren besten Platz finden und dabei etwas über ihre innere Orientierung erfahren.

Dazu gehen alle erst einmal durch den Raum, schauen sich um, versuchen den Raum mit allen Sinnen kennen zu lernen. Wenn alle so weit sind, gehen alle zu ihrem Lieblingsplatz im Raum. Dort können sich die, die zusammenstehen, austauschen.

Anschließend wird der Raum noch einmal erkundet, nur diesmal mit geschlossenen Augen. Der Anleitende kann dazu Hilfen geben. Nach einer ausreichenden Zeit sollen wieder alle – immer noch mit geschlossenen Augen –

ihren Lieblingsplatz suchen. Beim Austausch kann über die unterschiedlichen Kriterien gesprochen werden, nach denen der Platz mit offenen bzw. geschlossenen Augen gesucht wurde.

Thema: Raumwahrnehmung, meinen Platz finden.

Eine Gruppe setzt sich stimmig

Eine Gruppe, die sich bereits etwas kennen muss, betritt einen Raum mit Stühlen und bekommt nur eine Aufgabe:

Setzen Sie sich stimmig zueinander. Reden Sie bitte dabei nicht. Überprüfen Sie immer wieder, ob die endgültige Sitzweise stimmig gelöst ist.

Variante 1

Ohne Bestuhlung – man kann sich also nur auf den Boden setzen.

Variante 2

Die Stühle stehen im Kreis und es sind mehr Stühle als Gruppenmitglieder im Kreis vorhanden.

Nach der Übung sollte ein Gespräch – also eine Auswertung und Lagebesprechung stattfinden.

Thema: Meinen Platz in der Gruppe finden.

Bewegungen verlangsamen

Eine schweigende Gruppe wandert durch den Raum. Angeleitet wird ohne Worte. Der/die Anleitende macht Bewegungen vor, die im normalen Tempo beginnen und dann nach persönlichem Empfinden verlangsamt werden. Dies kann bis zur Erstarrung gehen. Durch lautes Klatschen des/der Anleitenden wird die alte Bewegung beendet und es beginnt eine neue Bewegungsvorgabe.

Die Bewegungen müssen so angelegt sein, dass sie einen inneren Rhythmus haben.

Geborgenheit erfahren

Sich schaukeln lassen

Sie brauchen eine neuwertige und vor allem reißfeste Decke, deshalb bitte kein altes Material nehmen. Eine Kleingruppe aus 6 bis 8 Leuten steht um die Decke. Eine/r legt sich auf die Decke. Die anderen nehmen die Decke und fassen an den Enden fest und sicher zu (4 Personen). Eine Person fasst im Kopfbereich (Schmalseite) zur Sicherheit zusätzlich an die Decke, zwei weitere Personen können an der Längsseite mit anfassen. Bei etwas schwereren Leuten sind diese sieben Personen sehr zu empfehlen.

Dann wird der/die Liegende sanft und allmählich auch beschwingter geschaukelt. Wesentlich ist eine Erfahrung von Getragenwerden, Sicherheit und Freude. Dies gilt es zu vermitteln.

Zugedeckt werden

Wieder finden sich Kleingruppen zusammen. Eine/r legt sich in die Mitte, entweder auf den Bauch oder den Rücken, so wie er/sie es möchte. Dann beginnen die anderen ihn/sie von den Füßen her mit leichten Tüchern oder mit Zeitungspapier zuzudecken. Der/die Liegende bestimmt, wann es genug ist. Dann werden die Tücher bzw. Zeitungen wieder genauso langsam entfernt.

Berührt werden

Dies ist eine Intensivierung der vorangegangenen Übung und setzt Vertauen untereinander voraus. Wieder legt sich eine/r in die Mitte. Diesmal können es mehr Teilnehmende pro Gruppe sein. Sie halten – schweigend – ihre Hände mit etwas Abstand über die liegende Person. Wieder wird bei den Füßen begonnen und nach und nach so weit nach oben gegangen, wie der/die Liegende es zulässt. Nach 2 bis 3 Minuten werden die Hände langsam wieder zurückgenommen.

Bei einem zweiten Durchgang können die Hände den Liegenden ganz leicht berühren.

Diese Übung passt z.B. zum Thema Segen.

Interaktion als Ausdruck: Figuren stellen

1. Einzel-Übung

Kommunikation geschieht nicht nur über Worte, sondern auch ganz wesentlich über unsere Körpersprache. Als ersten Schritt kann jede/r ausprobieren, mit welchen Körperhaltungen welche Gefühle ausgedrückt werden. Wie sieht man aus und wie fühlt es sich an, wenn man traurig, nachdenklich, zornig, verliebt, müde, erschöpft, begeistert, skeptisch usw. ist?

2. Paar-Übung

Es bilden sich beliebige Paare. Einer versucht ein Gefühl durch seine Haltung auszudrücken. Der andere übernimmt die Haltung, fühlt sich ein und sagt dann, was er in dieser Haltung empfindet. Nach einem kurzen Austausch wird gewechselt.

3. Kleingruppen

Im nächsten Schritt versuchen 3 bis 5 Personen zusammen verschiedene Beziehungen zwischen Menschen mit ihren Haltungen auszudrücken: Zuneigung, Abwehr, Überheblichkeit, Neugier, Bedrohung, Interesse usw.

Diese Übungen können je nach Zusammenhang zur Verdeutlichung nonverbaler Kommunikation dienen oder als Vorübung für jegliche Art von Rollenspiel oder aber als konkreter Ausdruck eines Gefühls (nach einer anderen Übung, als Feedback zur momentanen Befindlichkeit oder zur Gruppensituation, bei der Arbeit an einem bestimmtenThema).

Gemeinsam malen

Jeweils 3 bis 5 Personen malen gemeinsam ein Bild nach einer bestimmten Vorgabe. Dazu wird vor dem Beginn des Malens die Malfläche (ca. 1 × 1 m) mit sichtbarem, aber dünnen Stift aufgeteilt. Die Fläche gliedert sich in drei Raumabschnitte, und zwar, von außen nach innen gesehen:

- eigener Raum zum Selbstgestalten (so viel Einzelflächen wie Malende);
- Verbindungsraum: Hier wird aufeinander zugemalt und das Individuelle verbunden;
- und gemeinsamer Raum in der Mitte, der ohne Sprechen gemeinsam gestaltet wird.

Die Übung kann mit oder ohne thematischer Vorgabe durchgeführt werden. Ohne Thema steht der gruppendynamische Prozess stärker im Vordergrund, mit Thema wird der gemeinsame Ausdruck wichtiger.

Ich habe dazu Themen vorgegeben wie: »Wenn ihr nicht werdet wie ein Kind« oder »Geborgenheit« oder »Individualität und Gemeinschaft« oder »Toleranz«.

Auch begleitende Musik hat sich bewährt, etwa ein längeres Stück von Giora Feidman oder Filmmusik, beispielsweise von Vangelis.

Das Bild sollte anschließend – wie bei jedem Gruppenbild – aus allen Perspektiven betrachtet werden. Der Austausch findet vor allem in den Kleingruppen statt.

Variante

Eine schöne Übung ist auch das Malen zu oder nach einem Gedicht als nonverbale Gruppenaktion. Gut geeignet ist beispielsweise das Gedicht »Stufen« von Hermann Hesse oder von Rainer Maria Rilke »Der Brunnen« oder »Herbst«. Hierbei kann jede/r sich eine Zeile oder einen Textausschnitt aussuchen, mit dem er/sie beginnt, die weiteren Schritte müssen miteinander gefunden werden.

Literatur

Klaus W. Vopel, Interaktionsspiele (mehrere Bände, auch speziell für Kinder oder Jugendliche, alle erschienen bei iskopress, Salzhausen)

Paul Watzlawik u.a., Menschliche Kommunikation, Bern 2000

Tanzen

(Alexandra Koch-Scheifers)

Kulturhistorischer Hintergrund und anthropologische Aspekte

Tanzen ist Ausdruck unseres Menschseins und nicht zuletzt auch die Möglichkeit, das Unsagbare auszudrücken.

Tanzen kann Freude wie auch Traurigkeit zum Ausdruck bringen. Es bringt uns in Verbindung mit uns selbst und mit anderen. Es verbessert das eigene Bewegungsrepertoire, fördert die Koordinationsfähigkeit, führt zu mehr Beweglichkeit, baut Muskelkraft aus und fördert Rhythmusgefühl und Musikalität. Außerdem fördert es die Kommunikationsfähigkeit und macht nicht zuletzt Spaß. »Jeder Mensch ist ein Tänzer, eine Tänzerin«, so könnten wir die Einladung dieses Artikels beschreiben: Er möchte Mut machen zur kreativen Gestaltung im Tanz, im Gottesdienst ebenso wie in Gruppen, Seminaren, in der Schule, mit Kindern, Jugendlichen und Erwachsenen. Denn, wie Augustinus sagt: »Mensch lerne tanzen, sonst wissen die Engel im Himmel nichts mit dir anzufangen!«

Tanzen hatte schon immer in der gesamten Menschheitsgeschichte seinen festen Platz. So wurde bei den verschiedenen Einschnitten im Leben der Menschen getanzt, z.B. bei der Aufnahme in eine Sippe, bei der Heirat, als Ritual der Mann- und Frauwerdung, als Dank für die Ernte, bei der Geburt oder bei einem Sieg nach einer kriegerischen Auseinandersetzung. Die Griechen etwa hatten Tänze bei der Soldatenausbildung.

Tanz diente auch der Ekstase als Befreiung von seelischen Spannungen, dem Erleben von Rausch und Zauber. Nicht selten gehörte der Tanz zum religiösen Kult und zur Meditation. In Asien gab es Tänze, die Mythen und Legenden, Götterduelle und andere Geschichten zum Ausdruck brachten. Auf Bali etwa sind noch immer Maskenspiele mit Königen und Clowns, Kriegstänze und Geistertänze fester Bestandteil des Dorflebens.

Tanz kann eine Geschichte erzählen, politische, wirtschaftliche und gesellschaftliche Bedürfnisse zum Ausdruck bringen. Tanz war und ist nicht zuletzt Kunstform und hat sich in verschiedenen Stilrichtungen fest etabliert: als

Volkstanz, Gesellschaftstanz, meditativer Tanz, Modern Dance, Ausdruckstanz usw. Einige Formen möchte ich näher vorstellen.

Heutige Formen kreativen Tanzens

Ausdruckstanz und Modern Dance

Um die Jahrhundertwende kam es zur Auflehnung gegen die Überbetonung der technischen Perfektion im klassischen Ballett. Ziel dieser neuen Bewegung war es, im Tanz mit natürlichen Bewegungen Seelisches zum Ausdruck zu bringen, Ideen und Emotionen über den Tanz zu kommunizieren. Der wohl bekannteste Vertreter des Ausdruckstanzes ist Rudolf von Laban (1879–1958) und seine Schülerin Mary Wigman (1886–1973). Der moderne Tanz hatte es allerdings zunächst schwer, sich in Deutschland durchzusetzen. Heute ist das anders. Ausdruckstanz hat seinen festen Platz gefunden im modernen Tanztheater (Pina Bausch) und begegnet uns auch im kirchlichen Raum (M. Sara Schemann).

Kreatives Tanzen und freie Choreographie

»Zum Tanzen brauche ich nur meinen Körper – den Rhythmus hole ich mir aus meinen Bewegungen, die wiederum meinen Alltag, meine Gedanken, Gefühle und meine Situation widerspiegeln«, beschreibt Gusti Reichel die Voraussetzungen des Tanzens (Reichel, S. 5).

Der kreative Tanz geht auf die gewohnten Bewegungsformen ein und möchte ermutigen, dem Impuls zu folgen, der vom Körper und von der Seele ausgeht, damit eine Bewegung überhaupt entstehen kann. Die Bewegungselemente nach Rudolf von Laban bilden das Grundgerüst für den kreativen Tanz (vgl. dazu Reichel). Durch Spiel und Experiment werden verschiedene Facetten eines Themas ausgeleuchtet, bis ein Tanzergebnis zu einer Choreographie wird.

Kreativer Tanz ist im wahrsten Sinne des Wortes auch Ausdrucksschulung. Stimme, Mimik, Körperausdruck und Haltung werden verbessert und gefördert. Kreatives Tanzen ermöglicht eine neue Erfahrung mit sich selbst, mit der Gruppe und mit den Inhalten. Marlis und Rudi Ott bestätigen: »In der tänzerischen Auseinandersetzung und Gestaltung hat sich mir im Laufe der Zeit mancher Text, manche Geschichte und mancher Begriff auf eine ganz eigene neue Art erschlossen« (S. 48).

Meditativer Tanz

Der meditative Tanz ermöglicht dem Menschen, seine Sprachlosigkeit vor Gott zu überwinden. Tanz kann auch Verkündigung sein, indem durch ihn das Handeln Gottes am Menschen und dessen Bedeutung für den Menschen ausgedrückt wird. Der Tanz kann Gebet sein, Antwort des Menschen auf Gottes Gegenwart, kann Ausdruck der Freude, der Klage, des Lobes, des Dankes und der Bitte sein.

Das Volk Israel war ein tanzfreudiges Volk. Der Tanz war in Israel Ausdruck der Freude und auch fester Bestandteil der liturgischen Feste. So steht etwa die hauptsächliche hebräische Bezeichnung für den Tanz *hag* im Zusammenhang mit den Festen: *hag-ha Mazzoth* (dem Fest der ungesäuerten Brote), *hag-ha-tsiph* (Laubhüttenfest) und schließlich *hag-ha kazir* (Wochenfest), wie Christine Bittner weiß (Bittner, S. 27). Der meditative Tanz wurde durch Pioniere wie Bernhard Wosien, Maria-Gabriele Wosien, Hilde-Maria Lander oder M. Sara Schemann wieder entdeckt und in die Kirchen zurückgebracht.

Durch meist einfache, sich immer wiederholende Schrittfolgen führt der meditative Tanz in die Sammlung, führt in die Begegnung mit meiner eigenen Mitte, mit Gott. Hierbei kommt es vor allem auf eine Sensibilisierung der einzeln vollzogenen Gesten und Gebärden an, auf den inneren Mitvollzug dessen, was ich tanze. Der Tanz muss nachklingen können. Gott muss bei mir ankommen können. So ist Tanz ein Weg in die Meditation.

In meiner Arbeit mit den verschiedensten Altersgruppen habe ich immer wieder die Erfahrung gemacht, dass der Tanz Menschen neu miteinander verbindet, dass sie einen neuen Zugang zu Gott, dem anderen und sich selbst gefunden haben.

Liturgischer Tanz

Im Unterschied zum meditativen Tanz findet liturgischer Tanz im liturgischen Rahmen des Gottesdienstes statt und hat die ganze Gemeinde im Blick:

»Die Gemeinde soll mit einbezogen werden, aktiv oder innerlich oder beides kombiniert« (Büsing/Kiesé, S. 15).

Der Gottesdienst bietet zahlreiche Möglichkeiten und Orte für den Tanz: zur Eröffnung, zur Verkündigung des Evangeliums, als Antwortgesang, als Gabenprozession, beim Segen:

»Als Abbild des Wesens von Christentum und dessen, was wir von Gottes Bewegung hin zu uns erfahren, ist Tanz eine angemessene Ausdrucks- und Eindrucksform. – Als Sinnbild der Beziehung des Einzelnen zu Gott, zur Gemeinschaft und der Gemeinschaft miteinander und zu Gott ist Tanz eine angemessene Form der Glaubenserfahrung im Eindruck und Ausdruck« (Büsing/Kiesé, S. 15).

Getanzte Gottesdienste

Ich habe selbst »getanzte Gottesdienste« ein- und durchgeführt, die gerne angenommen werden. Vor dem Gottesdienst findet eine Einstimmung mit den Texten und Tänzen des Gottesdienstes im Pfarrsaal statt. So haben die Feiernden die Möglichkeit, sich auf den Gottesdienst einzustimmen und die Gebärden, Schrittfolgen und Gesten der Tänze zu verinnerlichen, in die Tänze hineinzuspüren und sich mit ihrer ganzen Person, mit dem, was sie vor Gott bringen möchten, in den Tanz, die Gebärde, die Geste, das Gebet hineinzugeben. Im Feiern des Gottesdienstes im Kirchenraum findet dann eine Vertiefung statt.

Tanzen im Gottesdienst macht uns den Sinn der Liturgie, die Feier der Gemeinschaft, die Freude der Botschaft, die wir verkündigen, das zweckfreie Spiel vor Gott, bewusst.

Tanz und Ausdruckstanz als Verkündigung

Im Verkündigungstanz geht es darum, das Evangelium durch »die Sprache« des Tanzes zu vermitteln. Gerade hier ist eine intensive Arbeit in einer Gruppe gefragt, die sich mit den Inhalten des Evangeliums auseinander setzt, diese ins Heute übersetzt und in einem kreativen Prozess über Experimentieren eine Choreographie erarbeitet. Freies Tanzen, Improvisieren, kreativer Ausdruckstanz ist hier gefragt. Außerdem braucht es eine innere Haltung der Offenheit und des Sich-durchdringen-Lassens von dem, für den ich tanze. Darin geschieht Gottesbegegnung.

Wirkungen des Tanzens

Die psychischen Auswirkungen des Tanzes

Tanz hat Auswirkungen auf unseren Geist und unsere Seele. Gefühle, Ideen und all das, was wir mit Worten nicht sagen können, können durch Tanz zum Ausdruck kommen. Der Tanz in einer Gruppe vermittelt ein Gemeinschaftsgefühl und ermöglicht Kommunikation auf einer anderen Ebene. In einigen, vor allem östlichen Völkern gibt es sog. Trancetänze, die in einen anderen Bewusstseinszustand führen. Die moderne Tanztherapie nutzt das Medium Tanz zur Behandlung von psychischen und psychosomatischen Erkrankungen. Ziel der Tanztherapie ist es, die Wahrnehmungsfähigkeit zu schulen, die Möglichkeiten des Ausdrucks zu fördern und kreatives Potenzial zu wecken. Die Aneignung neuer Tanzformen eröffnet neue Zugänge zur Welt, zu sich selbst und zu anderen.

Die Heilkraft des Tanzes

Der Tanz mit seiner heilenden Wirkung hat in vielen nichtwestlichen Kulturen eine lange Tradition. Anna Halprin hat eine Arbeitsmethode entwickelt, in der der Tanz zur Heilung von Krebspatienten eingesetzt wird. Sie geht davon aus, dass Bewegung uns in unserem Fühlen und Denken beeinflusst. Tanz wird gesehen als Medium des Körpers. Tanz kann Konflikte zum Ausdruck bringen. Tanz und kreatives Tun haben deshalb aus vielerlei Gründen eine erstaunliche Wirkung auf den Heilungsprozess bei Krebserkrankungen: »Tanz als kreativer Akt stellt einen wichtigen Zustand der Objektivität her ... Das Erleben unserer Kreativität lässt uns die Fesseln der Identifikation mit unserem Leiden sprengen ... Dies hat nichts mit Leugnen gemein, sondern zeigt eine neue Perspektive ... Tanzen umfasst unser ganzes Sein. Tanz ist meiner Ansicht nach die machtvollste unter den Künsten, weil sie ihrem Wesen nach ganzheitlich ist. Empfindungen, Gefühle, Emotionen und Bilder, die lange in unserem Körper verborgen waren, treten durch Bewegung zu Tage« (Halprin, S. 331).

Tanz und Bewegung haben eine heilende Wirkung und stehen damit theologisch betrachtet in der Tradition Jesu, in der die frohe Botschaft Heilung bedeutet. Die vielen Heilungsgeschichten im Neuen Testament erzählen davon.

Die Bedeutung für die Persönlichkeitsentwicklung

Im Tanz drückt sich ein Mensch aus. Seine Gesten und Bewegungen sind Ausdruck seiner Gefühle, Stimmungen, verborgenen Sehnsüchte und letztlich auch seiner Seele. Durch Tanzen macht der Tanzende Erfahrungen mit sich selbst: Was sind meine eigenen Bewegungsmöglichkeiten? Wie wirkt eine Tanzbewegung auf andere? Welche Wirkung hat eine Tanzbewegung auf mich selbst und auf meine Seele? Was innen ist, drängt nach außen, ebenso wirkt das, was nach außen wirkt, wieder auf das Innere ein.

Gerade im Experimentieren und Improvisieren tun sich oft unbekannte Welten auf, Phantasie wird freigesetzt, Geschichten entstehen. Dies zeigt sich vor allem in solistischen Improvisationen oder auch in Gruppenimprovisationen. Jede Bewegung hat eine bestimmte Wirkung auf den Betrachter und den Tänzer. Einem Impuls zu folgen, der Bewegung zu trauen, die in mir entsteht, kann sehr befreiend und spannend sein. Tanzen bringt uns in Verbindung mit unserer Innenwelt, mit Geschichten, die verschüttet sind, mit Blockaden und Grenzen. Tanzen öffnet unsere innere Schatzkiste der Phantasie, die Geschichten und Bilder nach außen bringen möchte.

Der Einfluss von Raum und Zeit

Der Tanzende bewegt sich immer auch in einem Raum, auch draußen in der Natur entsteht ein »Tanzraum«. Bei vielen meditativen Tänzen ist es wichtig, den Tanzraum entsprechend zu gestalten. Dazu gehören eine angenehme Raumtemperatur, die Lichtverhältnisse und vor allem eine gestaltete Mitte. Diese kann durch Naturmaterialien, Tücher, Kerzen usw. entsprechend der Jahreszeit und des Themas gestaltet werden – mit oder ohne die Teilnehmer/innen. Durch Düfte, Kerzen, die konzentrierende Mitte wird der Raum zu einem »heiligen« Raum. Findet der Tanz gar in einem sakralen Raum, einer Kirche, statt, erhöht dies die Erfahrung im Tanz. In einer Kirche zu tanzen, sich den Kirchenraum tanzend anzueignen, eröffnet eine neue Form der Raumerfahrung.

Ebenso gibt es in der Natur »heilige Orte«, Orte, die schon durch sich selber eine starke Wirkung haben. Solche heiligen und besonderen Orte intensivieren die Tanzerfahrung und die Konzentration auf die Mitte, das Eingebundensein in die Natur, in die Schöpfung.

Gerade beim meditativen Tanz wirkt neben dem Raum auch die Wiederholung einfachster Schrittfolgen auf die Erfahrungen im Tanz. Im immer währenden Wiederholen wird die Konzentration nach innen gelenkt.

Ein weiterer Aspekt ist die Verbindung von Tanz und Gesang. Der Klangraum des eigenen Körpers wird durch den Gesang aktiviert und durch den Tanz können die Inhalte des Gesungenen zum Ausdruck gebracht werden. Dabei schwingt der Körper ein in den Tanz und klingt auch selbst.

Übungen und Tanzbeispiele

Zum Anleiten von Tänzen und Tanzgestaltung

Wer Tänze oder Tanzgestaltung anleiten möchte, sollte auch selbst gerne tanzen. Die Begeisterung für den Tanz springt nur dann über, wenn ich selbst begeistert bin. Außerdem sind Mut, sich auf Neues, auf einen kreativen Prozess einzulassen, wichtig, dazu Rhythmusgefühl und Sensibilität für die Teilnehmenden. Sicherheit beim Vermitteln der Tänze stellt sich von selbst ein, je öfter jemand Tänze anleitet. Trotzdem sollten die Anleitenden die Tänze, die sie gerne weitergeben möchten, auch selbst beherrschen und die Inhalte erfahren haben. Zu Beginn eines Tanzabends ist es gut, ein paar vorbereitende Übungen zu machen, um den Körper aufzuwärmen und auch den Teilnehmenden das Ankommen zu erleichtern.

Grundsätzlich gilt beim Vermitteln von Tänzen das Prinzip: »Vom Einfachen zum Schwierigen, vom Leichten zum Differenzierten.« Beim Erarbeiten von eigenen Tanzgestaltungen sollten sich die Anleitenden über den Weg des kreativen Prozesses klar sein: Geht man also beispielsweise von einer Musik aus oder von einem Thema oder vom Experimentieren mit Bewegungen und Materialien (Tücher, Stäbe usw.), die man im Tanz umsetzen möchte? Alle Bewegungen dürfen sein, alle Teilnehmenden sich mit ihren Bewegungsmöglichkeiten und ihren Ideen einbringen. Immer wieder sollte auch ermutigt werden, frei zu tanzen und der Bewegung zu trauen, die entstehen will. Bei all dem ist weniger oft mehr: Gerade beim meditativen Tanz sollte nicht Tanz an Tanz gereiht werden, sondern lieber nur wenige Tänze vermittelt, diese aber dafür öfters wiederholt werden. Das vermittelt den Tanzenden Sicherheit und tiefere Erfahrungen der Tänze.

Meditativer Tanz

Tanz der Solidarität

Musik: Enya, »Only Time« (aus der CD: A day without rain, Nr. 3)
Zielgruppe: Jugendliche und Erwachsene
Thema: einander den Rücken stärken, ausgerichtet auf eine gemeinsame Mitte
Aufstellung: im geschlossenen Kreis, Hände liegen auf der Lendenwirbelsäule der Nebenstehenden, Blick in die Mitte.

Wiegen nach rechts, dann nach links (insgesamt 8×)
Vier Schritte zurückgehen, mit rechts beginnen, Arme von unten nach oben führen und wieder senken.
Durchfassen, wiegen rechts, wiegen links.
Vier Schritte in Tanzrichtung, mit rechts beginnen.
Wiegen rechts, wiegen links.
Vier Schritte zur Mitte, mit rechts beginnen, Arme von unten nach vorne und oben führen, dann senken, zurück in Ausgangsposition.

(Choreographie: Alexandra Koch-Scheifers)

Getanzte Lieder für den Gottesdienst

Herr, gib uns deinen Frieden

Text: Wolfgang Poeplau (Rechte beim Autor)
Musik: Ludger Edelkötter
(Rechte: KiMu Kinder Musik Verlag GmbH, Essen)

Zielgruppe: mit allen Altersgruppen möglich
Aufstellung: beliebig

Herr, gib uns deinen Frieden,	Hände liegen überkreuzt auf der Herzmitte
	re Hand wird nach re ausgestreckt
gib uns deinen Frieden,	li Hand wird nach li ausgestreckt
Frieden, gib uns deinen Frieden,	Hände fassen, nach oben strecken, wiegen re, wiegen li
Herr, gib uns deinen Frieden.	Schritt nach re, Schritt nach li

Dass die Sonne jeden Tag

Text und Musik: Kathi Stimmer-Salzeder
aus: Lied der Hoffnung 3, 84544 Aschau/Inn

Zielgruppe: Kinder; mit allen Altersgruppen möglich
Aufstellung: beliebig

(Das Lied findet sich auf der CD/MC »Gehn oder Stehn«, erschienen bei »Musik und Wort«, www.musik-und-wort.de)

1. Dass die Sonne jeden Tag wieder neu am Himmel steht,	Großer Kreis mit den Armen.
dass in deinem Wissen, Gott, das Geringste nicht verweht	Mit der re Hand etwas Kleines andeuten und dann im großen Bogen nach re führen.
Ref.: Dafür danken wir dir, Gott, der du alles mit uns teilst,	Hände vor dem Körper zur Schale nehmen, heben, Hände öffnen und Arme senken,
unsere Freude, unser Leid, ja unser Leben.	einander die Hand reichen, Schritt re seit, li tipp – Schritt li seit, re tipp, (wiederholen der Seitschritte).
2. Dass die Not, die uns bedrückt, von dir selbst erlitten ist, weil du, Gott, in deinem Sohn uns ganz nah geworden bist Ref.: wie oben	Hände auf den Kopf legen, beugen.
3. Dass das Werden und Vergehn Wunder allen Lebens ist, dass du allem seine Zeit hier in dieser Welt bemisst Ref.: wie oben	Mit den Armen öffnen und schließen, wiegen re und li, Arme ausgestreckt nach oben.
4. Dass du unser enges Herz, immer wieder öffnen willst, dass du unsre leere Hand immer neu mit Segen füllst Ref.: wie oben	Hände auf die Herzmitte legen, Arme nach vorne ausstrecken, re Hand geöffnet nach vorn ausstrecken und langsam schließen.
5. Dass du uns Gemeinschaft schenkst immer wieder wie ein Fest, dass du uns durch deinen Geist ganz lebendig werden lässt Ref.: wie oben	Hände der Nachbarn greifen und Arme langsam heben. Aufrecht stehen mit erhobenen, gefassten Händen.

(Choreographie: Alexandra Koch-Scheifers)

Sonnengesang des hl. Franziskus

Text: Josef Griesbeck, nach dem Gesang des hl. Franz von Assisi
Musik: Konrad Raischl

Zielgruppe: besonders mit Kindern möglich
Aufstellung: in zwei Gruppen; Gruppe A: um den Altar – Gruppe B: auf den Stufen vor dem Altar mit Blick zur Gemeinde

(Das Lied findet sich auf der CD von Konrad Raischl, »Tanz der Schöpfung«, Landshut: RPA-Verlag 1999, sowie auf der CD »Liederkiste 1/2«, München: Kösel-Verlag 2002.)

Ref.: Du höchster und großer lebendiger Gott.	8 Schritte in Tanzrichtung im Kreis, durchgefasst.
Du hast alles erschaffen.	Hände nach oben führen, die Welt beschreiben.
Lob und Dank sei dir.	Arme zur Schale vor dem Körper nach oben führen.
Lob und Dank sei dir.	Ganze Drehung mit erhobenen Armen (Orantenhaltung) um die rechte Schulter.
Lob und Dank sei dir.	Hände fassen und nach oben führen (wird auch von der Gemeinde mitgetanzt).

Die einzelnen Strophen werden durch Gruppe B vorgetanzt, Gesten und Gebärden können durch freies Improvisieren auch selbst festgelegt werden.

(Choreographie: Alexandra Koch-Scheifers)

Tanz zum Eröffnungsteil der Liturgie

Musik: ruhige, getragene Instrumentalmusik
Zielgruppe: mit allen Altersgruppen möglich
Ausgangsstellung: alle für sich
Thema: Ich öffne mich für Gott, ich darf wachsen, mich entwickeln, ich lasse Gott bei mir ankommen!

Hände vor der Körpermitte zur Schale, langsam in Gebetshaltung bringen, nach oben wachsen, Blick richtet sich nach oben, wie eine Lotusblüte sich öffnet, Hände und Arme öffnen sich weiter und werden über die Seiten langsam gesenkt, wieder zur Schale geformt.

Tanz zur Gabenbereitung

Musik: Johann Pachelbel (1653–1706), Kanon D-Dur (auf vielen Klassik-CDs zu finden)
Zielgruppe: mit Kindern und Erwachsenen möglich
Ausgangsstellung: in Reihen von hinten nach vorn

Pilgerschritt: Schritt re, li, re auf li zurückwiegen

Literatur

Beratungsstelle für Gestaltung von Gottesdiensten, Mut zu Bewegung und Tanz in Gemeinde und Gottesdiensten, Frankfurt 2000
Christine Bittner, Der religiöse Ausdruckstanz, München 1982
Manfred Büsing / Holger Kiesé, Tanz, Gebärde, Haltungen, Hannover 2000
Anna Halprin, Tanz. Ausdruck und Heilung, Essen 2000
Arunga Heiden, Lebensfluss, Tübingen 2002
Elke Hirsch, Kommt, singt und tanzt, Düsseldorf 2002
Marlis und Ulrich Ott, Rollenspielen, Mimen, Tanzen – praktisch, Basel 1982
Gusti Reichel, Kreativ Tanzen, Ettlingen 1990
M. Sara Schemann, Das getanzte Gebet, Stuttgart 1999
Maria-Gabriele Wosien, Tanz als Gebet, Linz 1990

Alexandra Koch-Scheifers, Studium der Religionspädagogik und der Sozialarbeit (KFH Paderborn). Gemeindereferentin im Bistum München-Freising. Ausbildung in integrativer Tanzpädagogik.

Klangerfahrungen

(Elisabeth Schubarth / Hartmut Kapteina)

Die Faszination durch Klang und Musik

Musik hat ihren Ursprung bereits in den Anfängen der menschlichen Existenz: Das rhythmische Zusammenspiel von Pulsschlag und Atem, die Körperbewegungen der Mutter, ihre Stimme und die Geräusche der inneren Organe stimulieren die physiologische und neurologische Entwicklung des Kindes. Die Klangwelt im Uterus enthält außerdem Botschaften darüber, wie sich die Mutter in der Welt befindet. Sie hat also kommunikative Bedeutung jenseits und vor aller sprachlichen Entwicklung. Diese klangliche Urerfahrung klingt in jedem musikalischen Erlebnis an und macht unsere Faszinierbarkeit durch Musik aus.

Die Interaktion zwischen jeder Mutter und ihrem Säugling ist stark von musikalischen Phänomenen bestimmt; der Säuglingsforscher Daniel Stern hat sie deshalb einmal als Tanz bezeichnet. Mutter und Kind tauschen stimmliche Klänge aus, wobei die Sprechstimme der Mutter klanglich angereichert und emotional hoch besetzt ist. Die stimmlich transportierten Emotionen werden vom Säugling spontan erfasst und ebenfalls stimmlich erwidert. Hinzu kommen mimische, gestische und motorische Interaktionen, über die sich ein reichhaltig choreographiertes Wechselspiel zwischen Mutter (bzw. Bezugsperson) und Kind entwickelt. Diese frühen Kommunikationserfahrungen ermöglichen dem Kind entscheidende frühe Entwicklungsschritte: Selbstwahrnehmung, Fremdwahrnehmung, Erkennen von Aktion und Reaktion bzw. der Möglichkeit, mithilfe von Aktionen Reaktionen hervorzurufen, zu unterscheiden zwischen dem Selbst und dem Gegenüber, bis hin zum Erleben und Gestalten von Begegnungen und Beziehungen (Karin Schumacher).

Beispiel

Der einjährige Hannes sitzt in der Küche am Boden und räumt die Kochtöpfe aus dem Schrank. Er schlägt die Topfdeckel gegeneinander, lässt sie fallen und jauchzt vor Vergnügen bei dem Geklapper und Gepolter.

Die Mutter steht am Herd und schlägt den Kochlöffel an der Pfanne ab. Das Kind hält inne und lauscht, um dann wieder einen Deckel zu ergreifen und ihn zu Boden zu werfen. Nun hört es wieder die Geräusche der Mutter und so geht der Dialog eine Weile hin und her, bis Hannes lauthals jubelnd die Gerätschaften am Boden mit ausgestreckten Armen durcheinander wirbelt.

Die Mutter schüttet einige Nüsse in einen Kochtopf und gibt Hannes einen Kochlöffel. »Willst du Nuss-Suppe kochen?« Und nun entsteht erneut ein Wechselspiel zwischen Hannes, der in den Nüssen rührt, und der Mutter, die die Suppe auf dem Herd zubereitet. Hannes hält immer wieder inne und lauscht auf die Geräusche der Mutter, macht ihre Bewegungen nach, um schließlich den Topf umzuwerfen, sodass die Nüsse auf dem Boden in alle Richtungen rollen. Hannes rutscht lachend hinter ihnen her.

Bei diesem Beispiel klanglich-szenischer Interaktion zwischen Mutter und Kind erleben wir die große Faszination von Kindern durch Klänge, ihre Aktions- und Experimentierfreude und ihr Interesse an Kommunikation. Die Phasen, in denen die Klänge zueinander in Beziehung gebracht werden, während das Kind lauscht und die eigenen mit den Klängen der Mutter ins Wechselspiel bringt, sind von hoher Aufmerksamkeitsspannung bestimmt. Nach einer Weile kommt es zu lustvoller Spannungslösung, bevor sich ein erneutes Interaktionsgeschehen entwickelt.

Wünschenswert ist, dass Mütter (bzw. Erziehende und Pflegepersonen) sensibel für solche Prozesse sind, die sich beiläufig im Alltag ergeben. Es sind Chancen für die musikalische Entwicklung wie für die psychosoziale und kognitive. Mütter reagieren in solchen Situationen oft genervt und unterbinden sie, anstatt sie spielerisch zu nutzen.

Beispiel

Lea, 14 Monate alt, robbt über den Wohnzimmerboden in die Ecke, wo die Gitarre liegt. Sie zupft erst vorsichtig an den Saiten, wischt dann mit der ganzen Hand darüber, mit dem Körper wippend.

Da hört sie ein zartes Klingen von der anderen Stubenseite. Sie dreht sich mit weit geöffneten Augen um: der Vater hat an ein Glas geschlagen. Eine kleine Trommel, eine Rassel, ein Triangel und ein Regenmacher laden Vater und Tochter zum gemeinsamen Spielen ein. Die verschiedenen Klänge ziehen das Kind immer für eine kleine Weile in ihren Bann. Schließlich spielt der Vater mit zwei Hölzchen einen regelmäßigen Rhyth-

mus und singt ein Kinderlied: Lea richtet sich an einem Stuhl auf und bewegt sich zu der Musik.
Eine »existenzielle« Methodik der Musik ist vom Wissen um die musikalische Qualität getragen, die den Weg des Menschen bestimmt, der ihn ins Leben führt (Hans-Helmut Decker-Voigt). Sie findet die Musik im alltäglichen und generell verfügbaren musikalischen Vermögen des Menschen, sich von Klängen faszinieren zu lassen und mit ihnen schöpferisch umzugehen. Sie verzichtet auf die allgemein bekannten artifiziellen musikalischen Artikulationsformen. Sie benutzt neben klangfähigen Gegenständen Musikinstrumente, die unmittelbare Klangerfahrungen ermöglichen und auf denen man spielen kann, ohne zuvor aufwändige Trainingseinheiten zu absolvieren.

Beispiel

Eine Gruppe von 8 Kindern aus dem Kindergarten kommt einmal im Monat zu einer Stunde »Musik erleben«. Jedes Mal bleiben sie an der Tür stehen ohne einen Laut von sich zu geben, bis ich sie mit einem Willkommenslied begrüße. Auf einem Tuch in der Mitte des Raumes liegen verschiedene Instrumente: kleine Trommeln, Triangel, Rassel, Holzschlaginstrumente, Flöten, Glöckchen und eine kleine Leier.

Die Spannung ist groß und auf Einladung stürzt sich sofort jedes Kind auf »sein« Instrument, um dann immer wieder ein anderes auszuprobieren. Nach einer Weile unterbreche ich das wilde Treiben. Die Kinder sitzen im Kreis, ihr Instrument unter dem Stuhl. Nun bitte ich der Reihe nach jedes Kind, das von ihm gewählte Instrument zu spielen, und so hören wir die verschiedenen Klänge. Als nächstes spielen wir immer zwei Instrumente gleichzeitig und es zeigt sich, dass die Kinder oft eine klare Vorstellung haben, welche jetzt gerade zusammenpassen. Woran erinnert uns der Klang? Wir spielen ein Vogelkonzert oder eine blühende Blumenwiese. Wie würde die Sonne klingen? Wie ein Gewitter mit Regenschauer, Blitz und Donner?

Zunächst spielt eine Gruppe den Sonnenschein, danach die andere das Unwetter, bis alles gleichzeitig klingt und die Kinder sich musikalisch austoben. Ich unterstütze sie vom Klavier aus. Gelegentlich geht ein Kind zu der Erzieherin und kuschelt sich in ihren Schoß, sucht Geborgenheit, um sich dann aus dieser Sicherheit heraus wieder an dem Geschehen zu beteiligen.

Allmählich spiele ich am Klavier wiederkehrende Rhythmen, eine tänzerische Musik – die Kinder nehmen sie auf, bewegen sich dazu. Ich gehe über in eine ihnen bekannte Melodie, die sie vielleicht zur Ruhe kommen lässt. Oft bedarf es dann aber doch eines Hinweises, damit sie sich wieder in den Kreis setzen zu einer Abschlussrunde. Doch gerade der Wechsel von strukturierter und freier Musik scheint dem Bedürfnis der Kinder zu entsprechen, spiegelt er doch unser tägliches Leben wider.

Freie Improvisation

Improvisation ist der Königsweg, nicht nur der existenziellen Musikmethodik, sondern auch der modernen Musiktherapie (Gertrud Katja Loos). Sie ermöglicht unmittelbare Teilhabe. Sie hat direkt mit den musizierenden Menschen selbst zu tun, mit ihrer Präsenz im Hier und Jetzt, mit ihrer individuellen Eigenart zu fühlen und sich mitzuteilen. In ihr Spiel fließen ihre Geschichte ein, erfahrenes und phantasiertes, erlittenes und erwünschtes Leben.

Beispiel

Zur Gestaltung eines Gottesdienstes lud ich vor mehr als drei Jahren einige Mitarbeiter aus verschiedenen Arbeitsfeldern unserer Kirchengemeinde ein, mit einer Improvisation das Gottesdienstthema zu interpretieren. Daraus ist eine Improvisationsgruppe entstanden, die sich seitdem einmal im Monat trifft. Ort ist der Chorraum der Kirche, der Raum, wo sonst auch vor dem Altar der Chor steht. Immer wieder äußern Teilnehmer, wie sich für sie hier an diesem Ort Musik und Raum in einem besonderen Erlebnis verbinden.

Kirchliche Mitarbeiter, oft mit dem Helfersyndrom behaftet, erlauben es sich hier, sich selbst etwas Gutes zu tun, und entdecken die Kraft, die im gemeinsamen Musizieren entsteht. Zu Beginn und nach der Musik ist die Gelegenheit, etwas zu erzählen. Doch das Eigentliche geschieht in der Musik. Die Improvisation ist frei, das heißt, ein jedes Gruppenmitglied wählt Instrumente, die es in der jeweiligen Situation gerade ansprechen, und spielt spontan, wie ihm zumute ist. In der gemeinsamen Improvisation kommt es zu klanglichen Übereinstimmungen oder Kontrastbildungen, Dialogen, Solos, Chaosphasen und rhythmischen Entsprechungen. Beeinflussung zwischen den Spielern geschieht nur musikalisch – ohne sprachliche Äußerungen. Es gibt auch Phasen, in denen wir nur mit unseren Stimmen improvisieren. Beglückend ist es, zu spüren, wie wir uns jenseits der Sprache, auf elementarer psychophysischer Ebene verständigen, verstehen und gegenseitig bereichern, beleben, bestärken und ermutigen.

Die gemeinsam aus dem Augenblick heraus geschaffene und geteilte Musik hat die Qualität der Vergewisserung des gemeinsamen Ursprungs, des Spürens einer gemeinsamen Herkunft aus einem unsagbaren kollektiven Fühlen und Wissen. Das stärkt und ermutigt. Neues vermag dadurch zum Klingen zu kommen oder etwas, was tief im Innern schlummert und bisher noch nicht nach außen dringen konnte.

Träume, die tief in uns schlummern zum Klingen zu bringen, kann durch die Musik geschehen: sowohl beim Zuhören als auch beim aktiven Musizieren.

Beispiel

Dies wurde mir erneut bewusst, als eine Mitspielerin unserer oben erwähnten Improvisationsgruppe mir erzählte, dass sie, nachdem sie das erste Mal dabei gewesen war, zu Hause einen Klumpen Ton in die Hand nahm und ihn zu gestalten begann. Sie hatte eine solche innere Öffnung erfahren, dass sie sich jetzt mit über fünzig Jahren einen seit der Kindheit gehegten Wunsch erfüllen konnte: kreativ tätig zu sein. Seitdem sind in ihrer Werkstatt viele mich tief beeindruckende Skulpturen, wahre Kunstwerke, entstanden.

Ein anderer Teilnehmer der Gruppe sagt: »Ich spüre, dass ich während der gemeinsamen Musik ganz ich selbst sein kann und dabei meinen Platz in der Gruppe habe: Freiheit in der Gemeinschaft. Wenn ich nicht da wäre, würde etwas fehlen; es wäre anders.«

Bei der freien Improvisation bekommen wir wohl am stärksten ein Gefühl von der spirituellen Qualität der Musik. Wie Gott aus dem Klang seines Wortes die Welt entstehen ließ (vgl. Gen 1: »Gott sprach ... und es ward ...«), so lassen wir in der Improvisation eine Tonwelt entstehen, in der sich das Chaos nach dem Prinzip unserer Wesenhaftigkeit ordnet.

Musik ist (anders als darstellende Kunst) an Zeit gebunden. Sie läuft ab, ich kann sie nicht festhalten, sie ist Metapher für die Flüchtigkeit des Augenblicks. Jeder Ton ist eingebunden in den Prozess des Werdens und des Vergehens. Ich erlebe Vergänglichkeit. Fragen kommen auf: »Was war vor allem Anfang, was kommt nach dem Ende, was war vor der Geburt, was kommt nach dem Tod?« Das Sein jenseits der Zeit, Ewigkeit scheint auf und zugleich der unschätzbare Wert des erfüllten Augenblicks.

Schöpferisches Gestalten

Natürlich lassen sich existenzielle Methoden auch im Kontext komponierter und interpretierter Musik anwenden.

Beispiel

Eine Kindergruppe im Grundschulalter. Wir singen ein Psalmlied: »Alles, was Odem hat, lobe den Herrn«:

Text: Ein Arbeitskreis. Musik: Heinrich Rohr

2. Alle Bienen, die da summen, alle Käfer, die da brummen,
   sollen in viel tausend Weisen Gott, der sie gemacht hat, preisen. *(Kehrvers)*
3. Alle Wasser, die da fließen, alle Blumen, die da sprießen,
   sollen in viel tausend Weisen Gott, der sie gemacht hat, preisen. *(Kehrvers)*
4. Alle Spinnlein, die da weben, alle Wolken, die da schweben,
   sollen in viel tausend Weisen Gott, der sie gemacht hat, preisen. *(Kehrvers)*
5. Sonne, Mond und alle Sterne, die uns leuchten aus der Ferne,
   sollen in viel tausend Weisen Gott, der sie gemacht hat, preisen. *(Kehrvers)*
6. Alle Kinder dieser Erden sollen Gotteskinder werden,
   sollen in viel tausend Weisen Gott, der sie gemacht hat, preisen. *(Kehrvers)*

Das Lied ruft geradezu danach, verklanglicht zu werden. Mit Eifer suchen die Kinder die passenden Instrumente und dann werden zusätzliche Strophen gedichtet: »Alle Pferde, die da traben, auch der Kuckuck und die Raben« usw.

Schließlich probieren wir aus, welche Begleitung zum Kehrvers passen würde. Die Kinder werden sich einig, dass es die Klangschale und die Metallstäbchen mit ihrem lange dauernden Klang sein sollen.

Über dem Ausprobieren kommen wir ins Gespräch über diesen Herrn, über Gott. Wo ist Gott? Wo erlebe ich ihn? Wie spüre ich ihn? Wir versuchen uns deutlich zu machen, dass das Göttliche immer da ist, auch wenn ich es nicht wahrnehme.

Ich schlage den Kindern vor, für einen Moment die Augen zu schließen, an Gott zu denken und in sich hineinzuspüren. Dann nimmt sich jedes Kind ohne zu sprechen das Instrument, das es jetzt möchte, und eins nach dem anderen spielt uns seinen Klang. Danach verbinden wir die Klänge, machen eine Improvisationsmusik: Gott unter uns (auf hebräisch: Immanuel).

Die Kinder wirken vertieft und konzentriert. Im eigenen inneren Klang können sie die göttliche Gegenwart wahrnehmen. Mit dem Lied und dieser Erfahrung gehen wir in einen Familiengottesdienst. Nachdem wir den Psalm musiziert haben, erzähle ich der Gemeinde von unserem Experiment und lade sie ein, sich auf die folgende Instrumentalmusik mit der Frage »Wie spüre ich Gott?« einzulassen. Die Kinder nehmen ihre Instrumente, lassen sie allmählich erklingen und es entsteht eine wunderbare Musik. Als sie zu Ende ist, bleibt eine Stille in der Kirche, eine Stille gefüllt mit den vorangegangenen Klängen und dem, was wir alle gemeinsam erlebt haben.

Typisch für existenzielle Methoden des gemeinsamen Musikerlebens ist der Wechsel zwischen kreativem musikalischen Handeln, Besinnung und verbalem Austausch. Lieder werden nicht einfach nur gesungen. Ihr musikalischer und textlicher Gehalt bietet vielfältige Anregungen zu schöpferischer Gestaltung; musikalisch finden wir Möglichkeiten der Begleitung, sei es mit einfachen Rhythmen, die wir mit Instrumenten, klingenden Gegenständen oder Körperklängen (klatschen, stampfen, klopfen etc., »body-percussion«) oder mit melodiefähigen Instrumenten erfinden. Der Text liefert darüber hinaus mannigfaltige Impulse für »gebundene Improvisationen«, also musikalische Erfindungen, die an Themen gebunden sind (wie im Beispiel: Bienen, Käfer, Wasser, Wolken, Mond, Sterne und schließlich Gott). Aus dem Lied kann so eine Kantate entstehen, die aus begleiteten Gesangsteilen und Instrumentalstücken besteht. Wenn noch Bewegung, Tanz, Verkleidungen, Bühnenbild und Rollenspiele hinzukommen, wird daraus ein Musical.

Bewusstes Hören

Die hörende Gemeinde im Beispiel oben belohnt die musizierenden Kinder mit einer »gefüllten Stille«. Existenzielle Methoden der Musik zielen auf die Verfeinerung des Hörens. Spiele, bei denen wir auf alles hören, was um uns herum klingt, wenn wir selbst ganz still sind, oder wenn wir wahrnehmen, was wir hören, wenn wir die Ohren schließen, machen erfahrbar, dass das Ohr das Tor zur Welt ist. Es reicht in Räume hinein, die wir mit unseren Augen nicht erreichen.

Bewusstheit (*awareness*) des Hörsinnes sollte zum Zielkatalog jedes pädagogischen Handelns gehören, weil pädagogisches Handeln stets auf Selbst- und Weltbegegnung abzielt. In der Art, wie wir hören, erschließt sich uns die Welt, ja erschaffen wir die Welt, wie wir sie wahrnehmen. Denn Hören ist ein ausgesprochen aktiver und kreativer Vorgang: Aus der Fülle der uns umgebenden Geräusche und Klänge selektiert unser Ohr. Der Mensch hört nicht etwas, das von außen auf ihn eindringt, sondern er schafft aktiv und individuell das, was er hört, als ein Zusammenspiel in ihm liegender Fähigkeiten mit einem äußeren akustischen Angebot. Das Ohr ist ein Informationen suchendes Wesen.

Die akustische Welt, wie wir sie wahrnehmen, ist unsere Erfindung und für diese Wahrnehmung sind wir selbst verantwortlich. So geht es bei der Frage, wie und was wir hören, nicht nur um die Art unseres akustischen Erlebens, sondern immer auch gleichzeitig um die Lebensmethode und das Selbstkonzept, die unserer Welterfahrung zugrunde liegen (vgl. Jörg Harries).

Ziel existenzieller Methoden der Musik ist es deshalb, Lust zu machen auf intensives und genaues Hinhören, auf Klang-, Sprach-, Sing- und Hörexperimente. Sie enthalten viele Möglichkeiten, nicht nur im Musikunterricht nachhaltige Lernprozesse anzugehen:

- *Geographie:* Hörexpeditionen; in Hörprotokollen halten wir fest, wie sich verschiedene Orte in unserer Stadt, in verschiedenen Landschaften, in unserer Schule anhören.
- *Mathematik:* Sich überlagernde Zeitspannen bilden rhythmische Verhältnisse; harmonische und statistische Zeitrelationen sind im eigenen Körper, in der nächsten Klangumgebung und in den uns umgebenden weiteren Klanglandschaften auffindbar.

- *Geschichte:* Wie haben Orte, Landschaften zu früheren Zeiten geklungen? Musikcollagen oder selbst hergestellte Hörspiele können Historie lebendig werden lassen.
- *Deutsch:* Hören auf Sprechstimmen: Wie hören sich Stimmen an, die wütend sind oder traurig oder hinterhältig? Wir machen eine Sprechpartitur zu einem Gedicht oder einem Alltagsdialog; wir hören auf die Stimmen beim Fernsehen usw.

Die spirituelle Qualität der Musik

Beispiel

Nach der Aufführung von Bachs Weihnachtsoratorium berichtet ein Zuhörer, wie er das Konzert erlebt hat. Er saß in der voll besetzten Kirche dicht neben dem Orchester und war fasziniert von dem Geschehen, das er mit dem Wort Synchronizität beschreibt, Gleichzeitigkeit, die sichtbar wird an der gemeinsamen Bogenführung der Streicher, hörbar an der Achtsamkeit für die Intonation, spürbar am gemeinsamen Atem der ungefähr 150 Mitwirkenden, Sänger und Instrumentalisten, viele Einzelne, die zu einem Ganzen beitragen und verschmelzen. Es entsteht ein hoher Grad der Synchronizität nicht nur in den technischen Abläufen, sondern gerade auch im Empfinden.

Dem gemeinsamen Musizieren, bei dem der ganze Mensch, physisch und psychisch sowie geistig beteiligt ist, kann auch eine geistliche Dimension erwachsen und sich auf die Zuhörenden übertragen. In Konzerten ist es üblich, dass die Zuhörer die Resonanz, die bei ihnen erregt wird, im Applaus zum Ausdruck bringen. Bei geistlichen Konzerten, zumal Kantaten von Bach, in denen Choräle als Antwort der Gemeinde galten, kann das innere Berührt-Sein eher in einem abschließend gemeinsam gesungenen Lied aufgehoben sein. Eine Konzertpraxis, die von der existenziellen Methodik der Musik inspiriert ist, wird Möglichkeiten suchen und finden, wie der hörende Mensch als leib-seelische Ganzheit einbezogen werden kann. Das beginnt mit hinführenden Erläuterungen und Meditationen über Möglichkeiten aktiver Beteiligung bis zu grundlegenden Veränderungen des Konzertrituals, sodass aus Kunstkonsumenten wahrhaftige Zuhörer werden können. Daraus folgen natürlich auch Konsequenzen für die musikalische Praxis.

Thesen

- Freies Musizieren, singend oder mit Instrumenten, kommt aus der Seele.
- Zuhören sowie das Spielen und Singen von Musikliteratur füllt die Seele, gerade auch beim intensiven Üben am Instrument oder in der Chorprobe.

Beispiele

Eine Chorsängerin beschreibt die Bedeutung der Musik für sie wie folgt: »Singen ist für mich ein Grundbedürfnis, allein und in der Gemeinschaft; es ist für mich existenziell, es würde mir etwas fehlen, wenn ich nicht singen könnte. Ich komme anders aus der Chorprobe, als ich hineingegangen bin. Singen ist eine elementare Ausdrucksform des menschlichen Lebens; ich singe beim Putzen oder bei anderen Tätigkeiten, was in mir ist.«

Eine andere Chorsängerin sagt: »Wenn ich zur Chorprobe komme, spüre ich, dass da Menschen sind, die sich freuen, dass ich komme. Das stärkt mein Empfinden für mich und mein Selbstwertgefühl. Dieses Gefühl nehme ich dann anschließend mit, und es begleitet mich die ganze Woche hindurch.«

Die singende Gemeinschaft wird so zur spirituellen Gemeinschaft, zur christlichen Gemeinde.

Die Verbundenheit der beteiligten Menschen reicht über die musikalischen Anlässe hinaus. Die Musik trägt auch in schweren Situationen, wenn sich die musikalische Praxis der Seelsorge nähert:

Beispiel

Ich besuche eine Chorsängerin nach einer Hirntumoroperation im Krankenhaus.

Ich weiß nicht, ob sie mich erkennt; sie sagt einige abgehackte Worte, nennt verschiedene Namen. Ich erkenne keinen Zusammenhang. Ich beginne zu summen, einfache, bekannte Melodien: Da entspannt sich ihr Gesicht, der Blick wendet sich zu mir, die Hand, die ich halte, drückt die meine: wir erleben einen Moment der Verbundenheit. Beim nächsten Besuch bringe ich ein Chorheft mit, aus dem wir viel gesungen haben. Sie nimmt es in die Hand, setzt sich im Bett auf und stimmt ein, als ich zu singen beginne.

Die anderen Patientinnen im Zimmer wenden sich uns zu. Eine fragt erstaunt: »Wieso kann Frau M. plötzlich singen? Sie hat bisher doch keinen zusammenhängenden Satz gesagt.«

Die Antwort ist einfach: Die Zentren für das musikalische Erleben liegen, ebenso wie die Verbindungen zum Langzeitgedächtnis, tief im Innern des Gehirns – im Gegensatz zum Sprechzentrum – und sind oft noch intakt, wenn viele andere Funktionen des Gehirns ausfallen. Deshalb können wir auch Menschen, die im Koma oder im Sterben liegen, oft noch singend erreichen und mit ihnen in eine Beziehung jenseits von Worten und Verstand treten (vgl. Dagmar Gustorff / Hans Jürgen Hannich). Durch das Singen entsteht Kontakt und ich verliere als Besucher etwas von der Hilflosigkeit, die ich angesichts der Krankheit und des Todes empfinde.

Wie prägend das Singen im Chor für das innere Erleben sein kann, mögen zwei weitere Beispiele verdeutlichen:

Beispiel

Einmal wandte sich eine Chorsängerin an mich, als sie in Not war, und sagte: »Mir geht immerzu die Melodie des letzten Liedes, das wir gesungen haben, durch den Sinn. Können Sie mir den Text sagen? Ich habe ihn vergessen.« Durch das häufige Wiederholen einzelner Passagen während der Chorprobe prägt sich die Musik und das, was sie ausdrückt, tief in uns ein und begleitet uns gerade auch in Krisenzeiten.

Der Wiederholung kurzer, einprägsamer Liedverse begegnen wir auch in manchen geistlichen Ritualen, wie etwa bei den Gottesdiensten von Taizé. Sie ermöglicht tiefe Verinnerlichung, entsprechend dem Wiederholen eines Wortes oder eines Gedankens beim Herzensgebet, das auch innerlich gesungen werden kann.

Beispiel

Einem schwer kranken Chorsänger, der im Krankenhaus liegt, will der Chor ein Ständchen bringen. Wir singen draußen vor dem offenen Fenster, der Mann hat sein Zimmer im Erdgeschoss. Ich gehe hinterher zu ihm hinein. Er liegt regungslos auf dem Bett, scheinbar nicht ansprechbar. Doch seine Frau erzählt mir, er habe, während wir sangen, kurz die Augen geöffnet und gefragt: »Bin ich in der Kirche?« Unsere Lieder haben ihn also erreicht und Erinnerungen tief in seinem Innern berührt.

Der Glaube, die Religion, das Spirituelle hat mit dem Unsichtbaren und dem Unsagbaren zu tun, mit dem, was jenseits unserer Worte und unseres Denkvermögens steht. Die Musik befindet sich ebenfalls jenseits des Sichtbaren und jenseits des Aussprechbaren. Sie hat transzendentale Qualität, sie ist »entmythologisiertes Gebet« (Theodor W. Adorno), d.h. allgemein menschliche Äußerung, die an ein Gegenüber gerichtet ist, welches wir jenseits der Grenzen unseres Wissens und Erkennens ahnen, spüren oder glauben.

Religiöse Erfahrung hat zu tun mit Staunen, Sich-Wundern, mit Gewahrwerden der eigenen Existenz und deren Beziehung zum Leben, zur Welt, die um mich ist, und zum Ursprung und zum Urgrund, der mich trägt. Mystiker beschreiben dies auch als das Einssein mit mir selbst, mit den Mitmenschen, mit allem Leben und darüber hinaus mit dem Universum.

Ich kann dieses Einssein auch im Getümmel des Alltags empfinden. Ich erfahre es aber in besonderer Weise in der Stille, der Versenkung in der Meditation oder in den Klängen der Musik. Dabei kann ich dem begegnen, »was mich unbedingt angeht« (Paul Tillich): dem Sinn des Lebens.

Erich Fromm stellt einen Zusammenhang her zwischen dem psychotherapeutischen, analytischen Prozess und dieser Art religiöser Erfahrung. Der therapeutische Prozess sucht einen Sinn für das Staunen und Fragen hervorzurufen, sodass ich Antworten finde, die meine eigenen sind. »Ich staune über die Entdeckung eines Teils meiner selbst, den ich nie bei mir bemerkt hätte.«

Es kommt etwas in mir zum Klingen, was bisher tief in mir geschlummert hat, mein innerer Traum. Wenn ich das Eigentliche in mir zum Klingen bringe, kann ich damit in Verbindung treten zu anderen Menschen, zum Leben in mir und um mich; es entsteht Beziehung, mit einem anderen Wort: Religion.

Übungssequenzen in der Gruppe: Vom Raum zum Klang zum Ich

1. Sequenz

Die Gruppenmitglieder gehen schweigend durch den Raum und erkunden seine Klangmöglichkeiten: klopfen mit einem Stift oder den Fingern auf den Tisch, das Stuhlbein, ans Fenster, reiben mit der Handfläche einen Gegenstand, bewegen die Vorhänge, öffnen und schließen die Schranktüre.

Wenn alle ihren Ort gefunden haben, lassen wir einen Moment der Stille, um dann jeden Klang zunächst für sich zu hören. Dann treten jeweils zwei zusammen in Kommunikation und daraus kann ein gemeinsames Spiel entstehen (vgl. Lilli Friedemann).

Auf eine anschließende Stille kann ein verbaler Austausch folgen.

2. Sequenz

Die Gruppe sitzt schweigend im Kreis, in der Mitte einige Instrumente. Jede/r hört den Klang des Raums, der aus den verschiedenen wahrzunehmenden Geräuschen für ihn/sie entsteht: aus dem Surren einer Lampe, dem Klopfen einer Heizung, dem Husten des Nachbarn, aber auch dem Hupen eines Autos oder dem Wehen des Windes. Aus den bereitliegenden Instrumenten wählt jede/r eines, um »seinen«/»ihren« Raumklang zu spielen.

Der weitere Ablauf kann wie bei der 1. Sequenz erfolgen.

3. Sequenz

Die Gruppe sitzt wieder schweigend im Kreis, jede/r horcht in sich hinein, wer mag, mit geschlossenen Augen.

Alle wählen ein Instrument, um ihren inneren Klang hörbar werden zu lassen. Statt den Klang mit einem Instrument wiederzugeben, kann sich auch jede/r einen inneren Vokal vorstellen und ihn dann singen. Die Gruppe übernimmt den Vokal, singt zunächst auf einem Ton, wechselt dann und weitet das Klangspektrum aus.

4. Sequenz

Ein Gruppenmitglied legt sich in die Mitte und lässt sich von den anderen mit seinem Vokal besingen.

5. Sequenz

Eine/r liest einen Text vor, z.B. einen Psalm, oder erzählt eine kurze Geschichte.

In freier Folge nennen die anderen ein Wort, einen Gedanken, der ihnen aus dem Gehörten wichtig ist, und geben ihm einen Instrumentalklang (»musikalisches Bibelteilen«).

Variante

Dies ist genauso mit einem Lied möglich, das zunächst gemeinsam gesungen wird. Jede/r greift einen Textteil mit einem Instrument heraus. Wir singen das Lied nun noch einmal mit den Klängen an den entsprechenden Stellen. So kann sich auch ein bekanntes Lied ganz neu erschließen.

Die Instrumente

Wir benützen leicht spielbare Instrumente, für die keinerlei Vorkenntnisse erforderlich sind.

Wichtig ist eine gewisse Vielfalt einerseits vom Material her (Holz, Metall, Fell, Saiteninstrument), andererseits von der Spielweise (schlagen, zupfen, blasen, schütteln ...).

Hinweise für die Anleitung

Wer mit Musik arbeitet, sollte sich bewusst machen, dass Klänge unvorhersehbare Reaktionen auslösen können. Was der eine als Wohlklang empfindet, kann einen anderen schmerzhaft treffen, sei es durch die Lautstärke oder den Klang bzw. die Klangkombination. Durch die oben bereits beschriebene tief gehende Wirkung der Musik können Erinnerungen und Emotionen geweckt werden. Deshalb ist es wichtig, nach den musikalischen Spielen miteinander zu sprechen, damit der Einzelne mit seinem Erlebnis nicht allein ist, sondern Begleitung durch die Gruppe und den Leiter erfahren kann.

Literatur

Karl Adamek, Singen als Lebenshilfe, Münster 1999
Theodor W. Adorno, Fragment über Musik und Sprache (Gesammelte Schriften, Bd. 16)
Hans-Helmut Decker-Voigt, Mit Musik ins Leben. Wie Klänge wirken: Schwangerschaft und frühe Kindheit, Kreuzlingen 1999
Lilli Friedemann, Einstiege in neue Klangbereiche durch Gruppenimprovisation, Wien 1973
Lilli Friedemann, Trommeln – Tanzen – Tönen, Wien 1983
Dagmar Gustorff / Hans Jürgen Hannich, Jenseits des Wortes. Musiktherapie mit komatösen Patienten auf der Intensivstation, Göttingen 2000
Jörg Harries, Musikerleben als Herausforderung, in: Hermann J. Kaiser (Hrsg.), Musikalische Erfahrung, Essen 1992, S. 66–82
Hartmut Kapteina, Klang, Rhythmus und menschliche Entwicklung. Anmerkungen zur Ästhetik des Hörens, in: Jutta Wermke (Hrsg.), Hören und Sehen. Beiträge zur Medien- und Ästhetischen Erziehung, München 2001, S. 15–26
Gertrud Loos, Spielräume, Stuttgart 1986
Matthias Schwabe, Musik spielend erfinden. Improvisieren in der Gruppe, Kassel 1992
www.musiktherapie-sasp.de: Fort- und Weiterbildungsangebote der Offenen Universität Siegen – Musikseminare für jedermann

---

Elisabeth Schubarth, Kirchenmusikerin und Musiktherapeutin.
Hartmut Kapteina, Professor für Musiktherapie und Musikpädagogik an der Universität Siegen.

Rituelle Gebärden und Körpergebet

Begegnungen, die berühren

Drei Begegnungen haben meinen Sinn für Gebärden, für Gebete in Bewegung und für Segens-hand-lungen geprägt:

Ich bin auf dem Berg Athos, einem Zentrum der ostkirchlichen Frömmigkeit, in einer sehr langen Nacht in einem ebenso langen Gottesdienst. Mir schräg gegenüber ist ein älterer Mönch, der im Gegensatz zu manchen anderen mich immer wieder anlächelt. Immer wenn im Gottesdienst Verbeugungen und Niederknien als eine einzige Bewegung vollzogen werden und dies fließend zigmal hintereinander geschieht, bin ich bei seinen rituellen Bewegungen tief berührt. Es ist eine Mischung aus Hingabe, Demut, Schönheit und Präsenz, die mich anrührt. Es geschieht kein leeres Ritual, sondern ich erlebe Beten in Bewegung: Körpergebet.

Die zweite prägende Erfahrung war eine Begegnung mit mir selbst. Ich stehe allein auf einem Berg und blicke auf das Kommen und das Gehen des Meeres. Vor Jahren habe ich zu dem Lied »Agios o theos« eine Bewegungsfolge (sie ist im Übungsteil zu finden) verinnerlicht, die ich nun allein vollziehe. Ich weiß nicht mehr, ob es sich nur ein paar Minuten oder über eine Stunde vollzog, aber lautes Singen, Einsamkeit und Bewegung verbanden sich zu einer Einheit. Ich wurde ergriffen.

Die dritte Begegnung fand bei einer Veranstaltung mit Grundschulkindern statt. Zu einem Text, den wir gemeinsam tönten, machte ich mit ihnen eine Gebärde. Die Kinder brachten aus der Bewegung heraus ihre Wahrnehmung und ihr Gebet zu Gott und nahmen es sich – ganz buchstäblich – in der Gebärde zu Herzen. Wir vollzogen die Gebärde ein paar Mal während der Veranstaltung und am Ende wiederholten wir die Gebärde vor dem Segen. Auf einmal verselbstständigten sich die Gebärde und das Tönen des Textes und verbanden uns miteinander – uns untereinander und uns vielleicht sogar gut spürbar mit Gott. Es war wie ein Geheimnis, ein geheimnisvolles Geschehen, das in der Luft lag und den Raum erfüllte. Nach der Gebärde schwiegen alle und ich schloss mit dem Segen, bei dem alle die Hand sowohl über den linken und rechten Nachbarn hielten. Große Menschen mussten dazu ein wenig in die Knie gehen. Um die Stimmung zu erhalten und gleichzeitig zu lösen, stimmte ich einen leisen Kanon zum Ausklang an.

Diesen drei Erfahrungen ist mehreres gemeinsam:

1. Es geschieht etwas, das jenseits der Machbarkeit liegt.
2. Es ist eine Gegenwärtigkeit, eine Präsenz spürbar, die über die eigene Präsenz hinausgeht.
3. Es verbinden sich verschiedene Aspekte unseres Seins und unseres Bewusstseins zu einer Einheit und ermöglichen erfülltes Erleben.
4. Das Geheimnis Gottes ist (irgendwie) spürbar.
5. Die Erfahrungen, die gemacht wurden, sind reflektierbar, sie halten einer nüchternen Betrachtung stand, sie sind Wirklichkeit.

Bodypraying – Gebetsgebärden als existenzieller geistlicher Weg

Gebetsgebärden oder, wie andere es nennen, das Körpergebet oder »bodypraying« umfasst als geistliche Übung unser ganzes Menschsein. Es ist nicht nur ganzheitlich, es ist umfassend (vgl. Teil 1 dieses Buches und die Ausführungen über die vier Ebenen des Menschseins):

- Das Körpergebet ist im Vollzug leiblich, es ist mit der Leib- und Körperarbeit eng verbunden (vgl. das entsprechende Kapitel, S. 172ff). Nicht nur an mir selbst spüre ich immer wieder, wie das Körpergebet meine innere und äußere Haltung strafft.
- Das Körpergebet beinhaltet und bezieht unsere Emotionen, also die seelischen Dimensionen, mit ein. Es ist Ausdruck von Freude, manchmal auch von Leid und löst in der Bewegung oftmals Rührung und Berührung aus. Nicht selten erlebe ich dabei Menschen, die wieder lächeln oder auch Tränen zulassen können.
- Und es öffnet die Tür »zum Himmel in dir« und über dich hinaus, es ist geistlicher Vollzug und geistliches Erleben in einem.
- Allein die geistige Ebene tritt im Vollzug zurück und soll dabei auch zurücktreten. Dazu ein Beispiel: Ein Kollege, ein Theologe, den ich

sehr schätze, nahm immer wieder an Gebetsgebärden teil. Aber es war nur eine Teilnahme, nicht ein wirkliches Sich-Hineinbegeben. Seinem Gesicht war die Skepsis schon anzusehen und das Ausprobieren hatte fast gymnastische Züge.
Irgendwann in einer langen Meditationswoche ließ er sich singend auf eine Gebetsgebärde ein. Es war überdeutlich: Es war seine Gebärde und er hatte seine reformatorische Tradition und seine Be-Denken für einen Augenblick zurückgestellt. Er wurde – in seiner Tradition – erweitert. Er sagte nachher: »Du, ich habe den Satz: ›Und das Wort war Fleisch‹ leibhaftig gespürt. Das Wort war Leib.« – Im Nachhinein hat die geistige und theologische Ebene und ihre Reflexionsstärke ihren Wert, aber sie ist nur ein Aspekt des Menschseins und der Beziehung zu Gott.

Das Körpergebet als Übung

Der Anfang der Einübung

Das Körpergebet ist eine Übung. Sie will erlernt und eingeübt werden. Es ist gut, sie in der Praxis, in der Nachahmung zu lernen. Durch das Zusehen wird der Ablauf leichter einsichtig und kann während der Übung korrigiert werden.

Es lohnt sich, eine Gebärde Stück für Stück zu erarbeiten – gerade wenn sie komplexer ist. Erst wenn sie ganz verinnerlicht ist und doch aufmerksam und präsent vollzogen wird, erschließen sich ihre unterschiedlichen und tiefen Dimensionen.

Beginnen Sie mit einfachen Gebärden, das Einfache ist oft schon sehr intensiv. Es lohnt sich, auch der kleinen Gebärde nachzugehen, sie trägt das Wesentliche schon in sich.

Probieren Sie unbedingt jede Gebärde, die Sie weitergeben möchten, vorher für sich aus. Geben Sie auch einfache Gebärden nur weiter, wenn Sie etwas damit anfangen können.

Anfangs sollten Gebärden genau nach Vorlage oder Vorbild eingeübt werden. Meist ist eine Gebärde, die weitergegeben wird, in langer eigener Praxis erwachsen und hat sich mit der Zeit verdichtet. Es ist wie in der Musik, wer das Instrument beherrscht, kann sich auch ans Improvisieren geben.

Verbindung mit anderen Übungsformen

Es gibt viele Möglichkeiten, Gebärden einzubeziehen:

- Wer täglich seine eigene Meditationspraxis hat, kann mit einer Gebärde anfangen bzw. schließen.
- Wer eine Schulstunde beginnt, kann während eines Themenzyklus mit einer bestimmten Gebärde anfangen oder aufhören.
- Wer Kindergottesdienste oder Familiengottesdienste feiert, kann Gebärden bei Gebeten, Liedern und Segen einbeziehen.
- Wer Chöre leitet, kann Bodypraying einbeziehen; in der schwarzen Gospelszene ist dies eine Selbstverständlichkeit.

Gebärden können also für sich allein stehen und geübt werden oder auch mit anderen Möglichkeiten verbunden werden. Die Verbindung zu meditativen Übungen und zur Meditationspraxis ist genauso nahe liegend wie zur Körper- und Leibarbeit. Auch Lied und Gebärde können gut zusammengeführt werden. Eine besondere Form ist es, Klang – insbesondere Tönen eines Satzes oder Wortes – mit einer Gebärde zu verbinden. Beispiele sind bei den Übungen aufgeführt. Ebenso liegt eine Verbindung zum Tanz sehr nahe. Viele Tänze enthalten Gebärden oder beziehen Gebärden ein. Manchmal ist der Tanz sogar eine Sonderform des Körpergebets.

Intensivierung und Verdichtung

Gebärden intensivieren sich leicht und einfach. Wie bei vielen Übungen ist die Wiederholung der eigenen Praxis nur förderlich. Dabei geht es nicht nur um die Wiederholung an mehreren Tagen und Wochen, sondern vor allem um das direkte mehrmalige Wiederholen ein und derselben Übung. Dabei kann die Gebärde beispielsweise je zweimal in jede Himmelsrichtung erfolgen.

Sowohl Verlangsamung der Gebärde als auch die dynamische Umsetzung einer längeren Gebärde verändern und intensivieren die Übung. Wesentlich ist für beide Übungsvarianten, dass die Präsenz und Achtsamkeit nicht nachlässt.

Männliche Gebärden – weibliche Gebärden

Sicherlich ist es so, dass viele oder fast alle Gebärden von Männern und Frauen gleichermaßen geübt werden können. Beatrice Grimm hat in ihrem gemeinsam mit Willigis Jäger verfassten Buch »Der Himmel in dir« allerdings deutlich die weibliche Seite der Gebärde betont, ohne die männlichen Aspekte zurückzustellen. Aber gerade weil es männliche und weibliche Grundhaltungen gibt, die sich unterscheiden, halte ich es für nötig, dass insbesondere Männer sich in solche Gebärden einspüren, die ihnen gemäß sind und sie fördern. So sind für Jungen (aber nicht nur!) nach meinen Erfahrungen dynamische, kraftvolle und erdbezogene Übungen sehr wichtig.

Beispiele und Übungen

Die meisten Übungen sind sehr kurz und einfach. Wiederholen Sie diese mehrfach und verweilen Sie gerade bei einfachen Übungen eine Weile in der Haltung und spüren Sie sich in die Haltung hinein, sodass sie nachwirkt.

Einfache Gebärden zur Einübung

Kraft schöpfen

Stellen Sie sich aufrecht und mit beiden Füßen parallel auf die Erde, die Knie sind nicht durchgedrückt. Die Arme hängen.

Der Kopf senkt sich und nimmt die Wirbelsäule mit. So senkt sich der Rücken und der Kopf bis sie ganz nach unten hängen. Die Arme hängen auch.

Bilden Sie dann mit den Händen eine Schale und führen eine Schöpfbewegung aus.

Geben Sie Kraft in die Füße und richten Sie sich Wirbel um Wirbel, durch den Druck der Füße zum Boden hin, auf. Als letztes richtet sich der Kopf auf. Die Arme wandern mit hoch bis in Schulterhöhe. Die Hände bilden immer noch eine Schale. Dann teilen sich die Hände nach außen, rechts und links, sie zeigen mit der Handfläche nach oben. Dann sinken die Arme in einem Halbkreis nach unten und hängen wieder.

Wiederholen Sie diese Übung mehrmals.

Empfangen und zu Herzen nehmen

Stellen Sie sich aufrecht und mit beiden Füßen hüftbreit auf die Erde, die Knie sind nicht durchgedrückt. Die Arme hängen.

Heben Sie die Arme leicht seitlich im Halbkreis bis in Schulterhöhe. Jede Handfläche bildet eine kleine Schale. In dieser offenen Haltung des Empfangens verweilen Sie einen Augenblick.

Dann nehmen Sie die Hände diagonal zum Brust-Herz-Raum. Die linke Hand ruht auf der rechten Seite, die rechte Hand ruht auf der linken Seite. Die Arme sind dabei überkreuzt. Halten Sie inne.

Lösen Sie die Haltung wieder und lassen Sie die Arme sinken.

Verweilen Sie wieder einen Moment und beginnen Sie von neuem.

Sich öffnen und vertrauen

Die Übung ist klein; machen Sie diese Übung deshalb langsam und achtsam.

Stellen Sie sich aufrecht und mit beiden Füßen parallel auf die Erde, die Knie sind nicht durchgedrückt. Die Arme hängen, die Handinnenflächen zeigen nach vorne.

Die Arme heben sich langsam – in V-Haltung, leicht geöffnet – bis in Schulterhöhe. Dort halten Sie länger inne.

Die Arme gehen weiter – in V-Haltung – über den Kopf und halten nun dort inne.

In einem leichten Halbkreis sinken nun die Arme über außen wieder nach unten.

Spüren Sie nach und wiederholen Sie die Übung.

Nehmen und geben

Stellen Sie sich aufrecht und mit beiden Füßen parallel auf die Erde, die Knie sind nicht durchgedrückt. Die Arme hängen.

Heben Sie beide Arme parallel vor den Körper bis in Schulterhöhe. Beide Hände bilden eine kleine Schale. Ziehen Sie nun eine Hand heran und legen Sie diese mit der kleinen Schale auf den Brust-Herz-Raum. Während nun die andere Hand genauso folgt, streckt sich die erste Hand wieder und gibt nach außen.

So geschieht ein stetiger Wechsel von Geben und Nehmen. Machen Sie die Übung eine Weile und halten Sie dann inne.

Ausgespannt zwischen Himmel und Erde

Stellen Sie sich aufrecht und mit beiden Füßen hüftbreit auf die Erde, die Knie sind nicht durchgedrückt. Die Arme hängen.

Spüren Sie zu den Füßen hin, Sie haben guten Bodenkontakt. Verwurzeln Sie sich mit und durch die Füße in die Erde.

Die Arme gehen – in der W-Haltung (etwas weiter auseinander als die V-Haltung) nach oben. Sie strecken sich zum Himmel hin, dabei zeigen die Hände eher aufeinander zu, als nach außen oder nach vorne: Sie halten die Hände jetzt also etwa parallel einander gegenüber.

Spüren Sie sich ausgespannt zwischen Himmel und Erde.

Bringen Sie nun zum Abschluss die Hände zum Brust-Herz-Raum. Verweilen Sie und beginnen Sie von vorn. Machen Sie diese Übung ruhig in jede Himmelsrichtung.

Dank

Stellen Sie sich aufrecht und mit beiden Füßen hüftbreit auf die Erde, die Knie sind nicht durchgedrückt. Die Arme hängen.

Die Arme strecken sich zur Seite mit den Handflächen nach vorn.

Bringen Sie die Hände nun in einer fließenden Bewegung vor dem Brust-Herz-Raum zusammen, also etwa wie Dürers »Betende Hände«.

Verneigen Sie sich so tief, wie es für sie stimmig ist.

Sie können auch diese Übung wiederholen.

Variante

Sie können die Hände auch in einem großen Halbkreis über dem Kopf zusammenführen und dann die beiden sich berührenden Handinnenflächen von oben zum Brust-Herz-Raum ziehen.

Anregung

Wenn Sie die einzelnen Haltungen mehrfach ausprobiert haben, können Sie daraus immer wieder für Sie stimmige Gebärdenfolgen entwickeln.

Gebärden, Lieder, Tönen

Agios o Theos

Ich habe diese Gebärde zu dem Lied »Agios o Theos« vor vielen Jahren kennen gelernt und variiere sie immer ein wenig. Das Lied ist bekannt und z.B. im Evangelischen Gesangbuch (Nr. 185,4) enthalten. Es kann mehrstimmig gesungen werden. Wahrscheinlich habe ich diese Gebärde bei Franz-Xaver Jans-Scheidegger kennen gelernt.

Ausgangsposition: Stellen Sie sich aufrecht und mit beiden Füßen parallel auf die Erde, die Knie sind nicht durchgedrückt. Die Arme hängen.

Agios o Theos

Text, Melodie und Satz: orthodoxe Liturgie Griechenland

Agios o Theos	Die Arme heben sich parallel mit der Handfläche nach oben bis in Schulter.
Agios ischiros	Die Arme heben sich über den Kopf in V-Haltung nach oben.
Agios athanatos	Der rechte Fuß tritt einen kleinen Schritt nach vorn und setzt auf, der hintere Fuß hebt sich auf die Zehenspitzen.
Eleison imas	Der rechte Fuß kommt zurück, der linke Fuß setzt ab und in einer fließenden Bewegung wandern die Hände über Kreuz zum Brust-Herz-Raum.

Du, Gott, stützt mich

Ausgangsposition: Im Kreis als Gruppengebärde mit Berührung. Alle stehen dicht nebeneinander. Stellen Sie sich aufrecht und mit beiden Füßen parallel auf die Erde, die Knie sind nicht durchgedrückt. Die Arme hängen.

Du, Gott, stützt mich	Legen Sie Ihre Hände auf die Schultern der Nebenleute – dies bedeutet: stützen.
Du, Gott, stärkst mich	Legen Sie die Hände auf den unteren Rückenbereich, vielleicht auf das Kreuzbein Ihres Nachbarn – dies bedeutet: jemandem den Rücken stärken.
Du, Gott, machst mir Mut	Greifen Sie nun die jeweils anderen Hände, die Ihren Nachbarn den Rücken stärken. Nun können sich alle zurücklehnen und werden gehalten. Dazu muss man eng zusammenstehen. Dies bedeutet: Mut haben, Mut machen und auch vertrauen, dass man gehalten wird.

Singen Sie dieses kleine Lied mehrmals hintereinander und probieren Sie diese vertrauensvolle Gruppengebärde aus.

Du, Gott, stützt mich

Kanon: Dorothea Schönhals-Schlaudt

Amen, Amen, ich sag Ja

Der Text wird getönt, das heißt, man lässt ihn auf einem oder mehreren Tönen in den Raum klingen. Wenn mehrere zusammen tönen, kann jede/r leise mit seiner Tonhöhe beginnen, mit der Zeit wird ein Gruppenklang daraus. Oder eine/r gibt eine Tonfolge vor, zu der passend sich alle ihre Tonhöhe suchen.

Die Töne werden frei gefunden, der Bewegungsablauf ist für alle gleich und ergibt eine fließende Bewegung:

Amen	Die Arme hängen neben dem Körper und werden vor der Brust zusammengeführt, die Handflächen berühren sich kurz.
Amen	Die Hände öffnen sich und führen die Arme in der V-Haltung zum »Himmel«.
Ich sag Ja	Die Hände berühren sich oben und wandern sich berührend hinunter und hängen neben dem Körper.
Amen – Amen	Wie oben.
Ich bin da	Die Arme – leicht angewinkelt im Ellbogenbereich – nach unten führen. Die Handflächen zeigen bei dieser Bewegung immer zur Erde und hängen am Ende der Bewegung wieder neben dem Körper.

Gottes Liebe ist wie die Sonne

Diese Gebärde ist einfach. Man kann dazu im Kreis stehen oder auch aufgelockert. Jede/r braucht etwas Platz.

Ausgangsposition: Stellen Sie sich aufrecht und mit beiden Füßen parallel auf die Erde, die Knie sind nicht durchgedrückt.

Gottes Liebe ist wie die Sonne

Text und Musik: Die Rufer, 1970

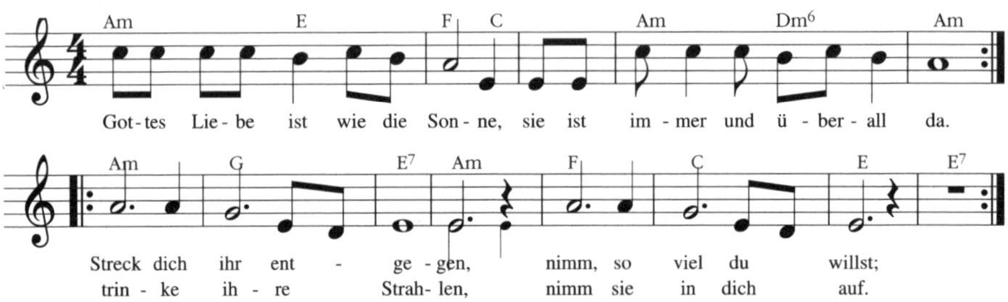

	Spüre vor dem Lied zu deinen Fingerkuppen hin. Die Armen sind leicht gestreckt, aber deine Aufmerksamkeit liegt während des ganzen Liedes in deinen Fingerspitzen. Dies ist also eine Gebärde mit Fingerspitzengefühl. Die Arme hängen leicht gestreckt.
Gottes Liebe ist wie die Sonne,	Die Arme wandern mit leicht gespreizten Fingern in einem Halbkreis nach oben, die Handflächen zeigen nach vorn, die Daumen berühren sich sacht.
sie ist immer und überall da.	Einmal im Kreis drehen und die Arme sinken lassen.
	Wiederholen.

Streck dich ihr entgegen,	Die Arme wandern mit offenen Händen nach oben.
nimm, so viel du willst;	Die Hände bilden einen Kelch.
trinke ihre Strahlen,	Die Arme und die Hände sinken und bringen den Kelch vor das Herz.
nimm sie in dich auf.	Die Hände legen sich auf den Herz-Brust-Raum. Es folgt eine kleine Atempause und Stille. Die Hände und Arme sinken herab.

Die Liedstrophe kann wiederholt werden. Die Pause zwischen den Wiederholungen ist sehr wichtig.

Wie die zarten Blumen

Diese Gebärde gehört zu einer Strophe des Liedes »Gott ist gegenwärtig« (Evangelisches Gesangbuch, Nr. 165,6). Die Liedstrophe sollte bei der Gebärde gesungen oder auch gesprochen werden. Der erste Satz ist noch ohne Gebärde.

Ausgangssituation: Stellen Sie sich aufrecht und mit beiden Füßen parallel auf die Erde, die Knie sind nicht durchgedrückt. Die Arme sind über der Brust gekreuzt und liegen auf dem Brust-Herz-Raum.

Gott ist gegenwärtig

Text: Gerhard Tersteegen 1729
Musik: Joachim Neander 1680

Wie die zarten Blumen	Die Hände richten sich vor dem Herzraum auf und die Handinnenflächen berühren sich.
willig sich entfalten	Die Hände öffnen sich aus dieser Haltung und bilden eine Art Kelch, dabei berühren sich die beiden Handballen noch leicht.
und der Sonne stille halten,	Die Hände führen die Arme über den Kopf. Anfangs sind die Handballen noch aneinander,
lass mich so	danach öffnen sich die Arme.
still und froh	Einfach stehen bleiben.
deine Strahlen fassen	Die Arme öffnen sich weit zur W-Haltung – und dabei können Sie sich einmal um die eigene Achse drehen.
und dich wirken lassen.	Die Arme sinken herab und die Hände bilden vor dem Herzraum eine offene Schale.

Die Strophe kann mehrmals hintereinander gesungen werden.

Morgengebet für Kinder

Kindern – und auch Erwachsenen – macht es Freude, Gebete mit Bewegung zu verbinden. Sie spüren, was sie sagen und sind ganz dabei. In Familienfreizeiten und -gottesdiensten, in Kindergruppen und im privaten Morgengebet kann diese Gebärde ihren Platz haben.

Die Nacht ist um,	Stehen mit gesenktem Kopf, die Arme hängen.
der Tag ist erwacht.	Kopf heben, die Hände kommen leicht geöffnet vor die Brust.
Ich sehe die Sonne,	Hände und Blick der Sonne entgegenstrecken.
die am Himmel lacht.	Nach oben schauen.
Ich spüre die Erde,	Sich insgesamt zur Erde beugen.
die meine Füße berührt,	Die Erde mit den Fingern berühren.
und höre die Stimme,	Sich von der Erde aufrichten, Arme zunächst locker hängen lassen,
die im Herzen mich führt.	dann die Hände aufs Herz legen.
Hab Dank für das Leben, das du heute mir schenkst,	Arme weit ausbreiten und »voll« vor dem Körper zusammenführen.
du, der du mich beim Namen kennst.	Blick und Handflächen nach vorne oben wenden.
Einen Korb voll Freude	Arme bilden einen Korb/Kreis vor dem Körper.
will ich verschenken,	Sich nach links und rechts drehen.
an alle Menschen mit Liebe denken.	In der Mitte die Arme öffnen und sich mit weit ausgebreiteten Armen drehen.
Amen	Stehen, Hände auf die Brust oder zusammenlegen.

Du bist der Weg, die Wahrheit und das Leben

Die folgende Gebärde ist in der Vorbereitung auf eine Osternacht entstanden und hat seitdem manche Freunde gefunden.

Auch diese Gebärde will wiederholt werden, dabei kann die Anrede in der ersten Zeile aus dem Empfinden heraus verändert und variiert werden (vgl. Anrufung der hundert Namen Gottes).

Mein Gott,	Aufrecht stehen, die Hände in Gebetshaltung vor der Brust zusammengelegt.
dir vertraue ich.	Die Arme öffnen sich weit.
Du bist der Weg,	Die Arme und Hände zeigen nach vorn.
die Wahrheit	Mit den Händen im Kreis zeigen (alles umfassen) oder sich im Kreis drehen.
und das Leben.	Sich zum Boden neigen und mit den Händen eine Schale bilden, sich wieder aufrichten (Leben schöpfen).
Du bist in mir	Hände auf den Herzraum legen.
und ich in dir.	Hände vom Kopf den Körper abwärts streichen.
Amen	Die Hände in Gebetshaltung vor der Brust zusammenführen.

Literatur

Anselm Grün, Gebetsgebärden, Münsterschwarzach 2002
Willigis Jäger/Beatrice Grimm, Der Himmel in dir, München 2000

Die Religionspädagogische Praxis (RPP)

Eine ganzheitliche und sinnenorientierte Religionspädagogik

(Uwe Huchthausen)

Zur Entstehung

Die Religionspädagogische Praxis wurde in den 1970er-Jahren im Praxisfeld eines bayrisch-katholischen Kindergartens von Sr. Esther Kaufmann und Franz Kett entwickelt. RPP verstand sich als Gegenbewegung zur wert- und weltanschaulich neutralen antiautoritären Erziehung einerseits und zur kognitiven Lernbewegung andererseits. Sie unterschied sich von den gängigen Kindergartenmodellen dadurch, dass sie die religiöse Erziehung nicht als Ergänzung zur allgemeinen pädagogischen Förderung des Kindes, sondern als integralen Bestandteil eines Gesamtkonzeptes von Bildung und Erziehung verstand.

Sr. Esther Kaufmann war stark geprägt durch die Wiener Pädagogin Mater Schörl und arbeitete mit Tüchern und Bodenbildern. Franz Kett war besonders von Bernhard Grom, Religionspädagoge und -psychologe, beeinflusst und arbeitete eher reflektierend. Zwischen diesen Polen entwickelte sich dieser religionspädagogische Weg.

Besonderheit der RPP ist, dass sie induktiv, d.h. im ständigen Umgang mit Kindern in Kindertagesstätten und Erzieherinnen auf Fortbildungen, entstand und weiterentwickelt wurde.

Zuerst wurden die Erzieherinnen in Kindergärten mit der RPP vertraut gemacht, doch schon bald trat sie auch in der Gemeindearbeit und bei der Gottesdienstgestaltung ins Blickfeld.

Mittlerweile hat sich die RPP inhaltlich differenziert. Sr. Esther Kaufmann nutzt die RPP heute mehr für die Gemeindepädagogik und Kommunionvorbereitung im innerkatholischen Bereich. Franz Kett arbeitet in seinen

Kursen stärker pädagogisch und schulpädagogisch und dabei auch überkonfessionell. Doch bekennen sich beide noch zu den gemeinsamen Grundlagen der RPP.

Die Arbeitsweise

Die RPP arbeitet auf der Erlebnis- und Handlungsebene und setzt Dinge und Gegenstände als symbolhafte Zeichen im Gruppengeschehen ein. Die Kinder werden in aufeinander aufbauenden Übungen zu einem staunenden, wertschätzenden Umgang angeleitet. Es geht u.a. um das Einüben einer religiösen Haltung des Staunens, der Dankbarkeit, des würdigenden Umgangs und einer dem Urvertrauen gleichenden Gewissheit, dass ich von Gott geliebt und beschenkt bin.

Beispiel eines Bodenbildes: »Jede/r hat einen Platz«

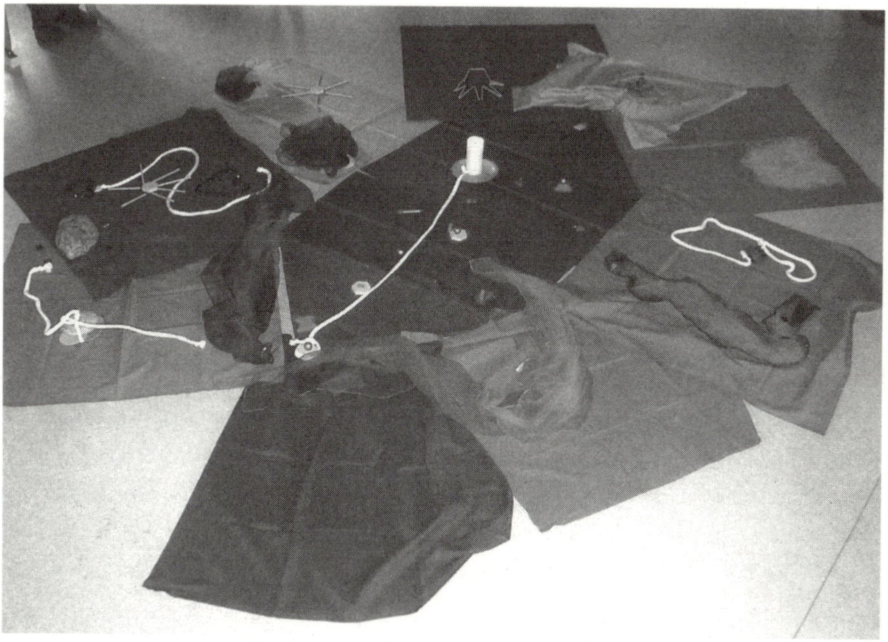

Beispiel eines Bodenbildes: »Die Sturmstillung«

Die Strukturelemente

Die Arbeitsweise der RPP lässt sich mit folgenden Strukturelementen kurz beschreiben:

Ich – Du – Wir – Kreis – Mitte

Am Anfang jeder Gestaltung nach RPP steht die eigene Leiberfahrung, das Wahrnehmen des eigenen Daseins. Es gibt in der RPP viele kurze Lieder oder Sprechtexte, die in die Begegnung mit sich selbst führen (siehe dazu Beispiele bei den praktischen Übungen). Bewegungen dazu lassen das eigene Dasein spüren und machen aufmerksam für Erfahrungen mit dem Körper. Vom ganzheitlichen Dasein hängt es u.a. ab, ob ich auch offen in Begegnungen treten kann.

Danach geht es um die Wahrnehmung des anderen. Dabei können z.B. Begrüßungslieder oder Tänze helfen – wobei ein behutsames Umgehen damit und Rücksichtnahme auf die Intimsphäre des anderen wichtig ist. In der Begegnung mit dem Du öffnet sich das Gespür: Er ist anders, ich bin anders als er! Jeder hat seinen Eigen-Sinn, seine Würde. Jedem Menschen ist diese Würde zu Eigen. Wir müssen den anderen in seiner Einmaligkeit schauen lernen.

Die Kinder entdecken ihre Würde in der Wertschätzung, die ihnen entgegengebracht wird. So kann Eigen-Sinn-Stärkung erfahren werden, wenn wir z.B. unsere äußerlichen Merkmale anschauen, unsere Namen hören, unsere Talente und Vorlieben sehen. Die Verschiedenheit macht die Gruppe, das Wir bunt, interessant und abwechslungsreich.

Konstitutiv ist die Arbeit im Stuhlkreis, äußeres Zeichen für das, was inhaltlich geschehen soll. Die gegenseitige Wahrnehmung setzt die Wirkkraft des Kreises bewusst ein. Das gemeinsame Thema wird in der Mitte des Kreises entdeckt und erfahren. Die charakteristischen Bodenbilder entwickeln sich von der Mitte aus, wobei alle daran Anteil haben. Das heißt auch, dass jede/r Einzelne mit der Mitte in Beziehung tritt, und auch, dass die Mitte mit jedem/r Einzelnen kommunizieren möchte. Das Bodenbild spiegelt auch die Gruppe selbst wider, denn es ist entstanden durch den Beitrag jedes Einzelnen der Gruppe.

Sprachausdruck – Körperausdruck – Bildausdruck

Diese drei Ausdrucksweisen ergeben eine Ganzheitlichkeit im Gestalten der RPP. Die Reihenfolge ist nicht entscheidend, vielmehr wird versucht, den Dreiklang in der Einheit aufscheinen zu lassen:

So gehen wir beispielsweise in den Park und schauen uns einen Baum an, singen über ihn, lassen ihn selbst sprechen, leihen ihm unsere Sprache – das ist mit *Sprachausdruck* gemeint. Gehen wir dann in die Verleiblichung und spielen allein und mit anderen Baum/Bäume, sprechen wir von *Körperausdruck*. Legen und gestalten wir dann im Raum in der Mitte mit Tüchern und Legematerial einen großen Baum, ist das der *Bildausdruck*.

Kinder lernen durch Wiederholung von einfachen kleinen Versen Sprache. Mit dem Körperausdruck ist das Leibgedächtnis verbunden. Alles, was jemand mit seiner Leiblichkeit erspielt hat, merkt er sich und es kann zu einem respektvollen Umgang damit führen.

Außenwirklichkeit – Innenwirklichkeit – Gruppenwirklichkeit – Gotteswirklichkeit

Es gibt verschiedene Wirkweisen, in denen uns die geschaffene Welt gegenübertritt. Diese Wirkweisen gibt es besonders in den Symbolen, die nach C.G. Jung »Bedeutungsträger von Unaussprechlichem« sind.

Die *Außenwirklichkeit* ist die reale Welt, die für uns sichtbar ist. Sie ist nachvollziehbar und auch gestaltbar. Was nicht dinglich in die Mitte gebracht werden kann, wird mit Tüchern gestaltet, z.B. die Sonne (wenn auch nur stilisiert). Diese äußerliche Seite kann mit dem Körper erspielt werden. Wir lassen die Sonne aufgehen, wandern und untergehen oder auch wärmen und scheinen.

Die *Innenwirklichkeit*, die Seelenlandschaft mit all unseren Empfindungen, Erfahrungen und Befindlichkeiten ist eine andere Wirklichkeit. Immer wenn wir die Sprache des Gegenstandes durch uns lebendig werden lassen, ist diese Wirklichkeit erfahrbar. So kann die Sonne z.B. von ihren Wesenseigenschaften sprechen: »Ich wärme dich. Ich bin auch da, wenn du mich nicht siehst ...« Und gleichzeitig sind dies auch Aussagen, was Menschen füreinander bedeuten können (*Gruppenwirklichkeit*).

So ist der Schritt zur *Gotteswirklichkeit* nicht mehr weit. Denn die Aussagen über die innere Wirklichkeit sind zutiefst religiös. In der Bibel finden sich z.B. zu Sonne viele Bezüge. So kann z.B. eine Symbolbetrachtung im Sinne der RPP Erzählungen der Bibel lebendig werden lassen.

Die vier Gestaltungsphasen

1. Versammlungs-/Sammlungsphase (dient der persönlichen Sammlung/ Konzentration des Einzelnen und der Beziehungsaufnahme des Einzelnen mit der Gruppe)
2. Begegnungsphase (dialogische Begegnung mit dem Gegenstand/Thema mit allen Sinnen)
3. Deutungsphase (gewonnene Erkenntnisse und Erfahrungen werden mit dem letzten Sinn- und Seinsgrund verbunden)
4. Gestaltungsphase (individueller Ausdruck der gewonnenen Erkenntnisse und Erfahrungen des Einzelnen, der Würdigung durch Leitung und Gruppe erfährt)

Der Inhalt der RPP-Gestaltungen ist immer wieder – in Teilaspekten oder im Großen – eine Darstellung der Dinge, der Welt, des vielfältigen Lebens auf ihr, des Verknüpft-Seins alles Gewordenen, des Geordnet-Seins und Seins überhaupt aus einem letzten Sinn- und Seinsgrund her und auf ihn hin. Bei allem Gestalten schwingt also der letzte Bezugspunkt, das, was Kostbarkeit, Sinn und Wert verleiht, das Göttliche, mit.

In der RPP spricht man von einer bestimmten »Qualität von Dingen«. Diese ist begründet in der Geschichte des Gewordenseins, etwa bei einer Baumscheibe, oder sie liegt in von Menschen gefertigten Dingen, der Kunstfertigkeit, der Mühe und Sorgfalt. Dadurch wird man in seinem Wertempfinden angerührt und lernt sorgsam damit umzugehen. Die RPP arbeitet dabei bewusst mit Formen und Farben und deren Zeichen- und Symbolcharakter.

Die Verantwortlichen und Leitenden

Der Leitung kommt eine entscheidende Rolle zu. Es ist wichtig, dass sie von der RPP überzeugt ist, denn letztlich wird die Zusage Gottes »Gut, dass du da bist!« in der Begegnung mit ihr erfahrbar. Die leitende Person deutet ihre eigenen Erlebnisse und Erfahrungen auf den letzten Sinn- und Seinsgrund hin bzw. von ihm her, setzt sich mit Zeichen auseinander und sucht Wege der Weitergabe. Sie lässt sich also immer wieder persönlich auf den Weg ein, auf den sie die anderen, etwa als Erzieherin die ihr anvertrauten Kinder, mitnimmt.

Durch Beobachtung der Kinder, Schaffung erlebnisstarker Situationen, das Erspüren von Lebensrhythmen des Kindes, Gestaltung des Raumes, der Atmosphäre usw. trägt sie dazu bei, wie intensiv das Thema/Symbol erlebt werden kann. Natürlich ist auch ausschlaggebend, wie vertraut die Menschen untereinander sind, wie vertraut ihnen die Arbeitsweise der RPP ist und wie offen sie dafür sind.

Zusammenfassend kann man sagen, dass die RPP die Methode der Themenzentrierten Interaktion (TZI) gestaltpädagogisch erweitert hat und auch erfahrungsorientierte und ästhetische Ansätze beinhaltet und darüber hinaus alles in einem theologischen Bezugsrahmen einbindet.

Die RPP möchte die »Menschwerdung des Menschen« fördern. Dabei geht es nicht nur um den kognitiven Teil der Persönlichkeit, sondern um die Person in ihrer Ganzheit. Kopf, Herz und Hand – alle Kräfte sollen zur rechten Zeit aktiviert werden, um den Personkern zu bilden. Die RPP spricht von »Herzensbildung«.

Dabei geht der Prozess der Selbstwerdung (»Werde, der du bist!«) einher mit der Sinnfindung: Wo Menschen sich entwickeln, werden sie auf ein höheres Ich verwiesen.

Herzensbildung als Mitte-Bindung in ständiger Rückbindung an Gott macht den Menschen begegnungs- und beziehungsfähig: Die Beschäftigung mit Welt und Lebensrealität soll unter Einschluss des Göttlichen geschehen.

RPP-Übungen – praktisch

Einstiegsübungen und Grundlagen

Im Einzelnen sind bei der Einführung in diese Arbeitsweise folgende Schritte zu beachten:

1. Kreisbildung als wesentliche Voraussetzung

So wird der ersten Übung im Legen und Gestalten wie jeder Beschäftigung die Kreisbildung vorausgehen. Die Kinder werden dadurch in Bereitschaft versetzt, zu hören, zu schauen, aufeinander zu achten, aufmerksam und sensibel zu werden für Vorgänge im Raum, in der Gruppe, für die Dinge, die im Raum vorhanden sind.

2. Zu einem gesammelten Dasein und zu ganzheitlicher Offenheit gelangen

Ein Weg zur Sammlung kann beispielsweise über Hörübungen erfolgen. Die Struktur einer entsprechenden Übung sieht folgendermaßen aus: Der/die Leitende schlägt auf Fingerzimbeln einen Ton an. Er/sie schließt die Augen und fordert die Kinder auf, Gleiches zu tun. Sein/ihr eigenes Tun hat Vorbildcharakter! Die Kinder werden angeregt, das Schließen der Augen auszuhalten und die Augen erst wieder zu öffnen, wenn ein zweiter Zimbelton verklungen ist. Eine Zeit des Wartens und Erwartens wird zugelassen, Spannung als Positives wahrgenommen und dem individuellen Spannungsvermögen zugleich Rechnung getragen.

Weitere Übungen

Ich stelle nachfolgend noch weitere Übungen vor, die das oben Beschriebene ein wenig konkretisieren und leicht ausprobiert werden können.

Arbeit mit einem Lied

Ich bin da

Text und Musik: Hanni Neubauer
aus: Religionspädagogische Praxis, Jg. 2002, Nr. I, S. 10

2. Mit dem Kopfe, mit den Füßen, mit den Händen zu begrüßen. Mit dem Herzen bin ich da, das ist wunderbar!
3. Um zu hören, um zu sehen, um zu riechen, um zu schmecken. Um zu rufen, bin ich da, das ist wunderbar.

Wir singen das Lied mit entsprechenden Bewegungen und schließen den Liedruf jeweils mit folgenden Bewegungen ab: Finger schnipsen – Hände klatschen – auf die Schenkel klatschen und aufstampfen.

Die erste Strophe zeigt uns: Wenn ich da bin, bin ich nicht woanders. Nach einigen Wiederholungen sagen wir »Gott sei Dank«. Zunächst ist das eher formelhaft, kann aber auch eine echte Danksagung werden. Mit den weiteren Strophen können wir unseren eigenen Körper, unsere Sinne entdecken und erfahren.

Weitere Körperteile können (von den Kindern) gefunden, besungen und bewegt werden, so z.B.: Mit den Haaren, um zu wuscheln; mit den Augen, um zu zwinkern; mit der Nase, um zu schnuppern; mit den Lippen, um zu pfeifen; mit dem Kopfe, um zu nicken; mit den Schultern, um zu zucken; mit den Armen, um zu winken; mit dem Popo, um zu wackeln; mit den Knien, um zu schlottern; mit den Füßen, um zu stampfen, usw.

Übung mit einem vergoldeten Reifen

Wir versammeln uns im Stuhlkreis. Wir nehmen untereinander Beziehung auf, indem wir einen vergoldeten Rhythmikreifen am Boden von Hand zu Hand weiterrollen. In einem zweiten und dritten Durchgang bewegen wir ihn von Schenkel zu Schenkel und stehend über den Köpfen.

Wir können den Reifen durch den Kreis einem anderen zurollen: »Hallo N.N., schön, dass du da bist!« Dabei ist darauf zu achten, dass alle so begrüßt werden.

Wir könnten den Reifen als Bilderrahmen nutzen und andere damit golden einfassen und sie so in den Mittelpunkt stellen. So können alle ankommen, werden alle wahrgenommen und gewürdigt.

Zum Abschluss suchen wir mit dem Reifen die Mitte unseres Stuhlkreises und legen ihn dort als Ausdruck des Gemeinsamen ab. – Daran anschließend kann die Überlegung folgen: Wie viel Kreise haben wir? Da ist der Mittekreis, der Stuhlkreis, der Fußkreis ... So kann sich dieser Kern des Bodenbildes weiterentwickeln: z.B. zu einer Sonne, einem Tempel, evtl. mit einer dazugehörigen Geschichte.

Eine Körperwahrnehmung

Die Kinder sitzen im Stuhlkreis, haben ihren Platz. Sie können durch eine kurze Körpermeditation zur Ruhe geführt werden.

Die Kinder setzen sich bequem hin, hören einen Zimbelton und schließen ihre Augen. Sprechen Sie langsam und mit Pausen: »Spürt einmal nach, wie ihr auf dem Stuhl sitzt. Seid ihr entspannt oder gibt es Teile, die angespannt sind? Lockert sie, sodass es euch gut geht. Spürt den Boden unter euren Füßen. Der Boden, die Erde trägt uns. Wir haben einen Platz auf der Erde. Achtet nun einmal auf euren Atem, wie ihr ein- und ausatmet. Atmet zwei- oder dreimal bewusst ein und aus. Genießt es, auf eurem Platz zu sitzen.«

Ein weiterer Zimbelton ist das Zeichen, die Augen wieder zu öffnen. »Schaut euch im Kreis einmal um, wer noch alles da ist! Schaut jeden einmal an, verweilt bei jedem eine Zeit, vielleicht schaut er gerade zurück. Schenkt ihm einen Augenblick, ein Lächeln. – Schließt bitte noch einmal eure Augen (Zimbelton) und schaut nun mit eurem inneren Auge noch einmal im Kreis herum. Erinnert euch an jeden. – Versucht mit den geschlossenen Augen links und rechts die Hand eures Nachbarn zu fassen. Ist die Hand kühl oder warm? Spürt ihr die Nähe des anderen? Ihr seid nicht allein. Wir sind eine Gemeinschaft. Öffnet eure Augen und schaut euch noch einmal an.«

Ein kurzes Dankgebet kann diese Übung abschließen.

Sammlung durch Faszination

Eine andere Form, die Kinder zu sammeln, geschieht mit einer Kugel und einer Schale. Die Wahl des konkreten Materials ist frei: Es kann eine Holzkugel, ein Gummiball oder eine Glaskugel verwendet werden, eine tiefe oder flache Schale aus Holz, Glas oder Ton.

Der/die Leitende lässt die Kugel in der Schale kreisen und versucht, die Kugel in der Mitte der Schüssel zum Stillstand zu bringen. Danach gibt er/sie die beiden Dinge weiter und bittet, es ihm/ihr nachzutun. Die Schale samt Kugel wandert so von einem Kind zum anderen. Die anderen Kinder schauen zu und erleben, wie sie, so wie die Kugel, zur Ruhe kommen können.

Je nachdem, welches Material gewählt wurde, kann man die Konzentration auch auf den Ton der Kugel lenken, und z. B. die Augen erst wieder öffnen, wenn der Ton verklungen ist.

Berühren, Entdecken und Staunen: Übung mit einem Seil

Ein langes Seil oder mehrere aneinander geknotete Rhythmikseile werden in einem Korb verdeckt im Kreis herumgegeben. Jede/r soll mit den Händen »schauen« und den Inhalt des Korbes ertasten, das Geheimnis aber noch für sich behalten. (Bei anderen Gegenständen kann man auch riechen oder hören lassen.) Wenn alle den Gegenstand ertastet haben, sollen sie ihm ihre Sprache leihen. Was kann der Gegenstand uns sagen? »Ich bin dünn. Ich kann dich halten. Ich halte was aus. Ich bin stark ...«

Als Nächstes kann mit einer Bewegung vorgemacht werden, was man mit dem Gegenstand tun kann. Eine/r macht vor und die anderen machen es nach.

Nun wird das Seil an einem Ende aus dem Korb gezogen und im Kreis weitergegeben. So kann das Seil einmal durch alle Hände laufen. Dann kann sich ein Begegnungsspiel anschließen: Zwei halten das Seil in guter Spannung, bewegen sich am Seil aufeinander zu, begrüßen sich mit der Hand, gehen rückwärts wieder zum Platz zurück. Dann an den Nachbarn rechts weitergeben usw.

Jetzt werden die beiden Enden verbunden. Dazu müssen die Kinder aufstehen und aufeinander zugehen. Alle fassen am Seil an und finden zur Gemeinschaft. Wir bringen das Seil in Spannung und hängen uns in das Seil. Wir halten alle das Seil, tragen es und es trägt uns.

Wir können das Seil runden, uns vorstellen, es sei eine große Platte, auf der viele gefüllte Gläser stehen, die wir gemeinsam langsam heben und senken. Immer aufpassen, dass die Gläser nicht umfallen!

Zum Schluss legen wir das Seil in unserer Mitte ab und ordnen es, sodass es rund liegt. Evtl. kann ein Reifen als Vorbild in die Mitte gelegt werden. Wir fassen uns an den Händen und runden uns so wie das Seil.

Jeder legt mit einem kleinen Rhythmikseil ein Ich-Zeichen an den Rand des Seilkreises und gestaltet es. Wir betrachten die Unterschiedlichkeit, die letztlich auf unseren Eigen-Sinn verweist.

Wir verbinden uns noch einmal mit den Händen und bedenken, was uns gemeinsam ist, was uns verbindet. Wir wünschen uns Gutes und drücken unser Miteinandersein in einem Tanz aus.

Weiterführung

Nach den anfänglichen Übungen kann jede/r ein Seil an den Seilkreis anknoten und es nach außen oder nach innen ausrichten. Welche Bilder ergeben sich, woran erinnern sie uns? Wenn sie zur Mitte zeigen: Was ist unser Mittelpunkt (Lichtsymbol, Bibel)?

Im Anschluss kann man z.B. eine biblische Geschichte erzählen.

Sammlung durch eine Kerze

Eine schöne Bienenwachskerze wird entzündet und ein Lichtdeutewort dazu gesprochen, z.B.: »Jesus Christus spricht: Ich bin das Licht der Welt. Wer mir nachfolgt, der wird nicht in der Finsternis wandeln, sondern wird das Licht des Lebens haben.« Die Kerze wird im Kreis herumgegeben. Jede/r nimmt sie in Empfang und gibt sie weiter.

Die Kerze wird anschließend in die Mitte des Sitzkreises gestellt. Das Licht erhellt unsere Mitte ein wenig. Es wärmt uns. Wer will, darf in die Mitte gehen, die Hände nah an die Kerze halten und die Wärme spüren. Wir können die Wärme in unseren Händen einfangen und einem anderen in seine Hände legen und schenken.

Oder die Kerze wird aus der Mitte geholt, um sie in unserem Kreis herumzugeben und ihre Helligkeit und Wärme zu spüren. Der/die jeweilige Nachbar/in hält dabei die Augen geschlossen. Er/sie kann die Helligkeit und Wärme im Gesicht spüren. Danach wird die Kerze wieder in die Mitte gestellt. Das wirkt besonders intensiv, wenn die Kinder zuvor die Dunkelheit erfahren haben, z.B. indem sie ihre Handballen leicht auf die Augen drücken.

Ein Korb mit ausreichend Teelichten wird in den Kreis gestellt. Jede/r darf ein Licht herausnehmen und für den/die Nachbar/in an der Kerze in der Mitte anzünden. Er/sie sagt beim Überreichen des Lichtes: »N.N., schön, dass du da bist!« Das geht reihum, bis vor allen ein Licht brennt. Die Lichter stellen wir in einem Kreis um unsere Kerze in der Mitte herum.

Wenn wir das in der Adventszeit machen, können wir nun mit Tannenzweigen einen Kranz zwischen Kerzenkreis und der Kerze in der Mitte legen und auf die Symbolik der Adventszeit eingehen.

Diese Form der Sammlung ist auch ein schönes Begrüßungsritual in einer Andacht oder im Kindergottesdienst.

Ein Haus bilden: Sammeln und Gestalten mit dem Rhythmiktuch

Es wird ein Rhythmiktuch in die Mitte gelegt: Wer trägt hier alles diese Farbe? Wo im Raum sehe ich diese Farbe? Was kann z. B. alles gelb sein?

Das (gelbe) Rhythmiktuch entfalten, auf dem Schoß ablegen, mit den Händen und mit den Augen anschauen. Dem/der Nachbarn/in neben sich an den beiden oberen Ecken übergeben und auf dem Schoß ablegen lassen. Mit einem zweiten gelben Rhythmiktuch auf die gleiche Weise verfahren – mit dem/der Nachbarn/in auf der anderen Seite. Die gelben Tücher werden so lange an die jeweiligen Nachbarn weitergegeben, bis die zwei Tücher zwei nebeneinander Sitzende bedecken. Die beiden suchen sich noch zwei weitere Personen aus und gestalten gemeinsam die gelben Tücher in der Mitte in Hausform (= Kombination aus Viereck und Dreieck).

Fünf Personen an den Ecken der Hausform anstellen lassen, evtl. noch jeweils dazwischen. Zwei bilden eine Tür, die anderen mit den Armen/Händen das schützende Dach.

Jetzt wird jemand eingeladen, sich in das Haus zu setzen, sich beschützen zu lassen. Nach einer Weile wieder aufstehen lassen (evtl. nach einem Zimbelton). Die Person, die im Haus saß, geht die Personen ab, die das Haus bilden, bedankt sich für die schützenden Mauern und das Dach durch Auflegen der Hände.

Wir leihen dem Haus unsere Sprache, hören, was das Haus sagt, und rufen uns gegenseitig zu: »Komm herein! Ich beschütze dich! In mir kannst du geborgen sein!«

Miteinander bilden wir ein großes Haus. Zuerst das Fundament: Die Füße stehen fest auf dem Boden. Das Haus muss fest und sicher auf dem Grund stehen. Über dem Fundament die Mauern, Stein um Stein. Wir geben einander die Hände, spielen die immer höher werdenden Wände. Zum Schluss das Dach. Ein großes Dach. Ein großes Haus, in dem viele Platz haben.

Wieder wird jemand eingeladen, in das Haus zu kommen. Die Person setzt sich in das Haus und schließt die Augen. Ein anderer geht leise zu ihr und berührt sie auf behutsame Weise, z.B. mit den Fingerspitzen an der Hand oder mit der Hand sacht auf dem Haar. Die Berührung kann auch mit dem Ton einer Zimbel oder einer schön klingenden Glocke geschehen. Der in der Hausmitte wird ganz leise bei seinem Namen gerufen.

Nach diesem Einstieg kann man sehr gut die Geschichte von der Verkündigung des Engels an Maria erzählen.

Literatur und Materialhinweise

Martin Schneider, Religionspädagogische Praxis als Weg ganzheitlicher Erziehung – ein Darstellungs- und Interpretationsversuch, Landshut 1996

Vierteljährlich erscheinen unter dem Titel »Religionspädagogische Praxis« thematisch orientierte Arbeitshefte.

Unter www.rpa-verlag.de findet man im Internet das gesamte Angebot (auch Material) zu RPP. Die postalische Anschrift lautet: RPA-Verlag, Gaußstr. 8, D-84030, Landshut, Tel. 0871/73237, Fax 0871/73996

Uwe Huchthausen, Diakon und Religionspädagoge, Referent in der Arbeitsstelle Kindergottesdienst der Evangelisch-Lutherischen Landeskirche Hannover. Zusatzausbildung in der Religionspädagogischen Praxis nach Franz Kett.

Phantasiereisen, Imaginationen und innere Bilder

Vom Reichtum der inneren Wirklichkeit

Wer kennt das nicht: Am Fenster stehen, den Blick nach draußen schweifen lassen, und plötzlich ist man ganz woanders, sieht, fühlt Dinge, die aus einem ganz anderen Zusammenhang stammen. Tagträumen nennt man das. Oder man liest ein Buch, taucht ganz hinein, freut sich und leidet mit, stellt sich nicht nur die Szenen vor, sondern ist mittendr in. Oder man wacht aus einem Traum auf, hat noch die letzten Szenen vor sich und spürt die Freude, die Angst, die Überraschung noch im Körper. Oder jemand erzählt von seinen Erlebnissen und wir lassen uns darauf ein. Indem wir uns das Gesagte vorstellen, spüren wir die Resonanz in uns, erleben, was dieses Ereignis mit uns macht.

All dies sind Alltagsbeispiele unserer inneren Wirklichkeit, die für Momente oder Minuten genauso wirklich sein können, wie die Realität um uns. Der Reichtum, aus dem dieses Erleben schöpft, ist der bewusste und unbewusste Schatz unseres Lebens. Mithilfe unserer Phantasie können wir an den Erfahrungen anderer teilhaben und selbst neue Erfahrungen machen. Das vielleicht Erstaunlichste daran ist, dass wir uns in dieser inneren Wirklichkeit mit allen Sinnen erleben und bewegen können. Gerade deshalb können die Arbeitsformen, um die es hier geht, uns existenziell berühren.

Im Unterschied zu den obigen Beispielen aus dem Alltag sind Phantasiereisen und Imaginationen innere Bilder, die durch gezielte Anleitung geweckt werden. Ausgehend von dem jeweiligen inhaltlichen Impuls schaffen sie Erlebnis- und Erfahrungsräume in der inneren Wirklichkeit des Zuhörenden. Neben den Formen, die zu therapeutischen Zwecken genutzt werden (Suggestion, etwa im autogenen Training und in der Hypnosetherapie; aktive Imagination und katathymes Bilderleben in der Psychotherapie) sind in den letzten Jahren auch im pädagogischen Bereich verschiedene Formen der Arbeit mit Phantasiereisen erprobt worden. Sie bieten Menschen aller

Altersgruppen die Möglichkeit, Erfahrungen in einem geschützten Raum zu machen und selbstbestimmt Zugang zum eigenen Unbewussten aufzunehmen. Hier ist auch die Verbindung zur Traumarbeit, bei der es darum geht, in einer Form intuitiver und angeleiteter Reflexion sich mit den erinnerten Träumen auseinander zu setzen.

Wie nehmen Menschen Phantasiereisen wahr?

Die einzelnen Worte und Bilder einer Phantasiereise klopfen am Inneren des Zuhörenden an und er antwortet darauf mit seinen eigenen Bildern und Vorstellungen.

Man könnte annehmen, dass alle Menschen auf solch ein Anklopfen gleich reagieren; dies ist aber nicht der Fall. Menschen nehmen innere Impulse sehr unterschiedlich wahr und es ist wichtig zu vermitteln, dass diese Unterschiedlichkeit kein Mangel oder gar ein Fehler ist. Es gibt vielmehr verschiedene Möglichkeiten, einen solchen Impuls zu beantworten:

- Manche sehen wirklich innerlich Bilder, Szenen, ohne sich darum zu bemühen.
- Manche stellen sich ein Bild (willentlich) vor, vielleicht aus alten Erinnerungen.
- Manche denken sich das Bild, das heißt, sie beschreiben es sich innerlich.
- Manche »wissen« das Bild, das heißt, sie haben »ohne ein Bild« ein Bild vor sich.
- Manche riechen, schmecken, fühlen ihr inneres Bild.

Jede dieser Möglichkeiten führt zu einem erlebnisreichen Prozess. Die Intensität hängt vom Thema, vom Umfeld (Vertrautheit der Situation, Möglichkeit, sich fallen zu lassen), der Art der Anleitung (Formen siehe anschließend) und der Offenheit der Teilnehmenden ab.

Phantasiereisen schaffen eine entspannte Atmosphäre (weshalb Phantasiereisen zur Entspannung genutzt werden), gleichzeitig erhöht die Entspannung die Intensität des Erlebens. Die Arbeit mit Phantasiereisen und inneren Bildern wirkt auf den ganzen Menschen und ist so persönlichkeitsfördernd im umfassenden Sinne. Sie fördert:

- die personale Kompetenz,
- die soziale Kompetenz,
- die kreative Kompetenz
- und je nach Thema auch die religiöse/geistige Kompetenz.

Von der Phantasiegeschichte zur aktiven Imagination

Es gibt verschiedene Formen von Phantasiereisen, die sich durch die Dichte der Anleitung und dem daraus entstehenden inneren Freiraum unterscheiden. Es ist gut, sich das Spektrum der Möglichkeiten bewusst zu machen, um so die der jeweiligen Gruppe, der Situation und dem Thema angemessene Form zu finden.

Wir unterscheiden fünf Arten von Phantasiereisen, die sich nur in der Theorie so klar abgrenzen lassen. In der Praxis entstehen immer wieder die unterschiedlichsten Mischformen. Die Unterscheidung hilft aber, die jeweilige Intensität und die methodischen Differenzierungen aufzuzeigen.

1. Phantasiegeschichten

Jede gute Erzählung ist eigentlich eine Phantasiegeschichte, weil sie der eigenen Vorstellung Raum gibt. Die Handlung in der Phantasiegeschichte wird von einer Figur, einer Person erlebt, mit der sich die Zuhörenden identifizieren können. Durch Einschübe wie »Kannst du dir das vorstellen?« oder »Wie mag es dir dabei ergehen?« können die Zuhörenden verstärkt einbezogen werden. Unterstützt wird das Einlassen auf das Geschehen in der Geschichte durch eine entspannte Haltung (z.B. im Liegen) und das Schließen der Augen.

Vorteil/Chance: Gut einzuüben, schon für kleine Kinder geeignet. Phantasiegeschichten bieten ein klares Geländer für Zuhörende und Anleitende. Die eigenen seelischen Erfahrungen sind eng an die Erfahrungen in der Geschichte gebunden und es ist leichter, sich davon zu distanzieren.

Nachteil/Schwierigkeit: Die Geschichte muss gut passen, sonst steigen die Zuhörenden aus. Der eigene Erfahrungsraum ist deutlich begrenzt, manche können sich deshalb nicht darauf einlassen.

2. Gelenkte Phantasiereise

Die gelenkte Phantasiereise spricht in der Regel die Zuhörenden bereits direkt an: »Stell dir vor, du bist an einem schönen Strand. Die Wellen rollen sanft ans Ufer, die Sonne scheint. Deine Füße spüren den warmen Sand ...« Es bleibt aber eine Geschichte, der/die Anleitende behält über eine differenzierte Anleitung den Faden in der Hand.

Vorteil/Chance: Die Zuhörenden werden direkt angesprochen, sie spüren: Es geht um mich. Die Motivation ist höher, sich den Grundimpulsen der Geschichte zu öffnen.

Nachteil/Schwierigkeit: Die direktere Form gibt bereits Raum für unerwartete eigene Erfahrungen; Nacharbeit und Nachgespräch sind deshalb sinnvoll. Je älter die Teilnehmenden sind, desto mehr hängt es vom Thema ab, ob sie dabeibleiben.

3. Halb offene Phantasiereise

Dies ist eine Erweiterung der gelenkten Phantasiereise. Innerhalb einer geführten strengeren Anleitung gibt es Freiräume, die die Zuhörenden ausgestalten können, z.B. »Was würdest du jetzt gerne tun? Du hast genug Zeit dazu.«

Vorteil/Chance: Der Ablauf der Geschichte bleibt in der Hand des Anleitenden, er schafft umgrenzte Räume, in denen freie Assoziation der Teilnehmenden möglich ist. Dadurch wird sie zu ihrer je eigenen Geschichte.

Nachteil/Schwierigkeit: Für die einen ist die Führung immer noch zu eng, für andere können Freiräume langweilig sein. Der Freiraum ermöglicht Assoziationen (z.B. aus der eigenen Lebensgeschichte) und dadurch Erfahrungen, die anstrengend sein können. Auf jeden Fall Zeit zur Nacharbeit einplanen.

4. Offene Phantasiereise

Bei dieser Form gibt der Anleitende nur noch das Gerüst eines Ablaufes vor. Einzelne Grundimpulse fügen sich aneinander und geben den Teilnehmenden viel Raum für ihre innere Resonanz.

Vorteil/Chance: Die eigenen Möglichkeiten und Befindlichkeiten haben viel Raum in dieser Arbeitsform, die Teilnehmenden erfahren und zeigen viel von sich; die Erfahrungen des Textes werden unmittelbar zu eigenen Erfahrungen; dies kann heilsam sein.

Nachteil/Schwierigkeit: Die Impulse führen eventuell zu unterschiedlichen Wegen bei den Teilnehmenden, die Anleitung muss offen und flexibel sei. Es ist viel Raum für persönliche Erfahrungen, was auch zu schmerzhaften Erinnerungen und Assoziationen führen kann. Die Teilnehmenden sollten dies wissen und der Anleitende Kompetenz und Zeit zur Nacharbeit haben.

5. Die Arbeit mit inneren Bildern / Imagination

Die Arbeit mit inneren Bildern in Gruppen ist neben der Traumarbeit die am stärksten selbsterfahrungsorientierte pädagogische Form der Arbeit mit den inneren Vorstellungen. Die Anleitung besteht in Hilfen, sich einem inneren Bild zu einem bestimmten Thema möglichst offen zu nähern.

Vorteil/Chance: Ermöglicht die bewusste Begegnung mit bewussten und unbewussten Prägungen und Erinnerungen, die in der Nacharbeit noch weiter erfasst und vertieft werden können.

Nachteil/Schwierigkeit: Diese Arbeitsform braucht die Bereitschaft der Teilnehmenden, sich zu öffnen und sich auf sich selbst einzulassen. Der Anleitende braucht die Kompetenz, zu einer sensiblen und angemessenen Rückmeldung zu den aufkommenden Bildern anzuleiten. Überinterpretationen sowohl von Gruppenmitgliedern als auch Leitung sind zu unterbinden.

Fazit

Bei der Kombination von Phantasiereise und Thema gilt es abzuwägen, welche Intensität den Teilnehmenden angemessen ist. Es ist möglich, zu einfachen und klaren Themen auch offene Phantasiereisen anzubieten. Allerdings bleibt die Tendenz, dass bei offenen Phantasiereisen mehr Eindrücke aus der Lebensgeschichte auftauchen.

Traumarbeit

Es sei hier kurz auf die Traumarbeit hingewiesen, die sicherlich auch zu den existenziellen Methoden gehört. Die Arbeitsweise ist ähnlich wie bei der Arbeit mit inneren Bildern. Im Unterschied dazu wird kein neues Bild imaginiert, sondern ein eigener Traum erinnert. Dieser wird im Ausdruck nach außen gebracht (meist gemalt) und dann in der Gruppe vorgestellt. Im Gruppengespräch geht es nicht um eine Interpretation von außen, sondern darum, durch Fragen und Assoziationen (auch der anderen) die Aussage des eigenen Traumes zu entdecken.

Ablauf und Voraussetzungen einer Phantasiereise

Da eine entspannte innere Haltung die nötige Offenheit fördert, um sich auf eine solche Reise einzulassen, ist es zunächst wichtig, für ein angenehmes Umfeld zu sorgen. Die Hinführung zur Phantasiereise umfasst sowohl die Beschreibung des Themas, die Einladung zum Mitmachen und eventuell ein paar kleine Körperübungen, um sich dann im Hören auf die Reise einlassen zu können. Während der Reise sollten alle bequem sitzen oder liegen, eine bestimmte Haltung ist nicht nötig.

Dann wird die Phantasiereise in aller Ruhe, mit angemessenen Pausen erzählt. Der letzte Satz führt wieder in die reale Situation zurück. Anregungen, sich zu bewegen, zu recken und zu strecken, helfen sich wieder nach außen zu orientieren.

Anschließend ist Zeit, das Erlebte in irgendeiner Form nachklingen zu lassen. Gut ist es, Ausdruck zu ermöglichen. Dies ist umso wichtiger, je höher der Selbsterfahrungsanteil ist. *Erster Merksatz: Was Eindruck macht, braucht Ausdruck.*

Danach kann das Erlebte und Gestaltete im Gespräch aufgenommen werden. Dies kann im Erzählen, im Bericht über das Gestaltete oder auch einfach in einem kurzen Statement jedes Einzelnen bestehen. *Zweiter Merksatz: Was Eindruck macht und Ausdruck findet, kann Sprache werden.*

Was tun, wenn es schwierig wird?

Die inneren Bilder können alte Erinnerungen wecken, längst Vergessenes wieder lebendig werden lassen, Unbewusstes nach außen bringen, uns innerlich tief berühren. Das kann überraschen, manchmal irritieren oder auch erschrecken. Immer ist der Mensch davon aufgewühlt und braucht vor allem Akzeptanz und Begleitung. Vier Anregungen, um damit umzugehen:

1. Wer den ersten Merksatz ernst nimmt, vermeidet eine große Schwierigkeit: das Wegstecken. Im Ausdruck übt das Kind, der Jugendliche, der Erwachsene auch Schwieriges wahrzunehmen und auszudrücken. Dabei stehen nicht die Worte im Vordergrund, sondern das Gestalten. Im Gestalten kann manches klar werden, was sonst diffus oder gar belastend bliebe.
2. Lassen Sie Gefühle zu, erschrecken Sie nicht davor. Wer weinen muss, weint, wer traurig ist, ist traurig, wer wütend ist, wütend. Als Anleitender sollten Sie dazu Raum geben. Bieten Sie aber auch ein Einzelgespräch an, denn nicht alles gehört in die Gruppe.
3. Leid gehört zum Leben. Taucht es auf, darf und soll es seinen Platz und seine Verarbeitungs- und Integrationsmöglichkeit haben. Vom Leitenden erfordert dies, dass er die Beziehung zum Teilnehmenden verantwortlich wahrnimmt, z. B. dass er Zeit hat und sich Zeit nimmt.
4. Es gibt religiöse Erfahrungen durch Phantasiereisen oder besser gesagt in und durch innere Bilder. Wundern Sie sich nicht darüber. Überbewerten Sie diese Erfahrungen nicht, werten Sie diese aber auch nicht ab. Es kann durchaus sein, dass beispielsweise die Vorstellung des Segens zur Erfahrung des Gesegnet-Seins führt und einen Menschen intensiv berührt.

Voraussetzungen, um Phantasiereisen und innere Bilder anzuleiten

Wie bei allen hier vorgestellten Methoden gilt auch hier, dass die eigene Erfahrung Voraussetzung für die Anleitung ist. Indem ich mich immer wieder selbst auf den Prozess einlasse, entwickle ich ein Gefühl für die angemessene Form, lerne mögliche Hindernisse kennen, gebe mir und meiner Entwicklung selbst Raum. Dies fördert die Authentizität und die Flexibilität.

Als Richtschnur kann gelten, dass man nur mit Arbeitsformen arbeitet, die eine Stufe unter der eigenen Erfahrungs- und Fortbildungsebene liegen. So sollten also diejenigen, die zwar die therapeutische Dimension der Arbeit mit inneren Bildern bereits selbst erlebt haben, als Anleitende dennoch nur mit offenen Phantasiereisen arbeiten.

Beim Anleiten ist es nur mit Ablesen selten getan. Daher sollte auch das Anleiten in einem geschützten Raum geübt werden, wo sachliche und wohlwollende Rückmeldungen helfen mögliche Fehler zu erkennen. Auch die Intervention bei Störungen und Schwierigkeiten kann so erlebt und geübt werden.

Es gibt kein fest umrissenes Fortbildungskonzept für diese Arbeit, sodass jede/r gefordert ist, durch die verschiedensten Angebote rund um das innere Bild die eigene Erfahrung zu vertiefen.

Beispiele zum Ausprobieren

Phantasiegeschichte: Der kleine Bär erwacht vom Winterschlaf

Diese Phantasiegeschichte eignet sich besonders gut für 3- bis 6-jährige Kinder.

Nach einer kurzen Hinführung, die auf die Phantasiegeschichte einstimmt (Bald ist es Frühling. Bären verschlafen den Winter. Wart ihr schon einmal in den Bergen? Könnt ihr euch eine kuschelige Höhle vorstellen?), und der Einladung, es sich bequem zu machen, kann die Geschichte beginnen:

Stellt euch einmal eine schöne kuschelige Höhle vor.
In einer geschützten Ecke, auf einem Bett aus Blättern und Gras liegt ein kleiner Bär. Er hat den ganzen Winter über geschlafen. – –
Heute scheint die Sonne draußen schon ein wenig kräftiger und ein warmer Strahl streicht über sein dickes Bärenfell. Es kitzelt ein wenig.
Er dreht sich um und wird ein wenig wach. – –
Er schnuppert und schnuppert noch einmal. Es riecht nach Frühling.
Er reckt und streckt sich und dreht sich so, dass die Sonne ihm jetzt aufs ganze Fell scheint. Die Sonne wärmt ihn. – – –
Er bekommt Lust aufzustehen. Er trottet zum Eingang und schaut hinaus.

Oh, ist das hell. Er blinzelt vorsichtig. Vor ihm liegt der Wald. Die Bäume sind noch kahl, aber das Gras hat schon einen frischen grünen Schimmer. – Ob er einen kleinen Ausflug machen soll? Zögernd geht er nach draußen. – Die Erde ist noch ganz schön kalt unter seinen Füßen. Er geht ein bisschen schneller, langsam wird es ihm warm. – Eine Biene ist auch schon munter und summt um seine Nase. Gab es nicht irgendwo Honig? – –
Jetzt ist er ganz wach. Er streckt sich zum Himmel und dreht sich vor Freude im Kreis und stößt einen Bärenfreudenschrei aus.
Er dreht sich so lange, bis er umfällt und einen kleinen Hang hinunterkullert.
Das macht Spaß. Er klettert wieder hoch und rollt nochmal herunter.
Unten bleibt er einen Moment liegen. Das Gras ist weich und die Sonne warm.
Der kleine Bär ist glücklich. – – –
Ein Schmetterling kommt vorbei und setzt sich auf seinen Bauch.
Er will ihn fangen, aber der Schmetterling fliegt weg.
Schnell springt er auf und läuft hinterher – bis er ihn nicht mehr sieht. – –
Ihm fallen ein paar Büsche ein, von denen er im Herbst Beeren genascht hat.
Er läuft in den Wald. Zwischen den Bäumen ist es dunkler und kälter. – Zum Glück scheint bei den Büschen mit den kleinen roten Beeren wieder die Sonne. Er lässt sich den Rücken wärmen und isst alle Beeren, die er findet.
Er reibt sich seinen Bauch. Hhmm, das war gut. – –
Aber warum wird der Rücken wieder kalt?
Er dreht sich um. Die Sonne ist hinter den Bäumen verschwunden.
Es ist Zeit, zur Höhle zurückzugehen.
Zufrieden geht der Bär den Weg zurück. – –
In der Höhle ist es schon fast dunkel. Er schaut noch einmal nach draußen – dann trabt er zu seinem Blätterbett. Jetzt merkt er, wie müde er ist. Er legt sich hin, rollt sich zusammen und steckt die Nase ins warme Fell. – –
Das war ein schöner Ausflug, denkt er noch – und: Bald ist es Frühling. Er atmet noch einmal tief ein und bald ist er eingeschlafen. Bestimmt träumt er jetzt von seinen Abenteuern.

Rückführung: Und da soll er ruhig auch noch ein Weilchen schlafen. Wir aber können uns jetzt recken und strecken und vielleicht mal richtig gähnen. Schaut euch um, alle sind von unserem Ausflug zu dem kleinen Bären wieder zurück.

(Danach eventuell erzählen oder malen lassen. Oder nach draußen gehen und den Frühling suchen.)

Gelenkte Phantasiereise: Das Geheimnis der Muschel

Die Muschel ist auf der einen Seite ein Symbol für Sonne, Wasser, Strand und Urlaub und könnte deshalb der Anknüpfungspunkt für eine entspannende Phantasiereise sein. Auf der anderen Seite ist sie aber auch ein Symbol für Verschwiegenheit und Ruhe, für einen verborgenen Schatz. Dies lässt sich eher durch eine geführte Phantasiereise erfahren.

Hinführung

Kinder – und nicht nur sie – lieben Muscheln. Sie nehmen sie gerne in die Hand und freuen sich an den verschiedenen Formen und Farben. Was macht sie eigentlich so interessant? Nur das Äußere?

Vielleicht sitzt die Gruppe am Anfang im Kreis und reicht eine Schale mit Muscheln herum, aus der sich jede/r eine aussuchen darf. Nach einer angemessenen Zeit, sich mit der Muschel vertraut zu machen, sie anzusehen, zu betasten und hineinzuhören, leiten Sie zur eigentlichen Übung über.

Durchführung

Laden Sie ein, sich entspannt hinzulegen und die Muschel in den Händen zu bergen:

Die Muschel, die jetzt in euren Händen liegt, ist vom Meer ans Ufer angespült worden. Da lag sie nicht immer. Ihre eigentliche Heimat ist der Meeresboden. Ich möchte euch einladen euch mit der Muschel langsam von der Wasseroberfläche hinunter auf den Grund sinken zu lassen. Wer mag, kann jetzt die Augen schließen.

Stellt euch einen ruhigen Tag am Meer vor. Die Wellen rollen sanft ans Ufer, die Sonne scheint. Eure Füße spüren den warmen Sand. Das Wasser ist ganz klar. Ihr könnt weit hinunter bis auf den Grund sehen. – –
Jetzt lasst ihr die Muschel langsam ins Wasser fallen. Langsam sinkt sie nach unten. Ihr folgt ihr. – –
Je weiter die Muschel sinkt, desto ruhiger wird das Wasser. Von oben schimmert das Tageslicht durch die Wasseroberfläche. Das Wasser glitzert in vielen verschiedenen Farben. – – –
Die Muschel sinkt in den Sand, der sie schützt. Hier liegen ganz viele Muscheln. – –

Das Wasser umgibt die Muscheln und nährt sie. Dort, wo sie sind, haben sie alles, was sie brauchen. – –
Sie öffnen und schließen sich ganz sacht. Sie atmen das Wasser ein und aus wie wir die Luft.
Es ist ganz still hier unten. Nur leise klingt das Schwappen der Wellen nach unten. – – –
In manchen Muscheln wächst um ein Sandkorn eine kostbare Perle heran. Vielleicht findet auch ihr hier unten etwas Besonderes. Das muss aber keine Perle und kein Schatz zum Anfassen sein. Lauscht auf das Rauschen des Wassers, vielleicht erfahrt ihr etwas von der Muschel, was so wertvoll wie eine Perle ist. – – – –
Langsam geht unsere Zeit mit der Muschel zu Ende. Kommt jetzt zurück ans Ufer.
Behaltet alles, was ihr erlebt habt.
Rückführung (lauter sprechen): Unsere Übung geht zu Ende. Berührt die Muschel in eurer Hand. Öffnet die Augen und schaut sie an. Dann reckt und streckt euch durch.
(Anschließend ist Zeit für Ausdruck und Austausch. Die Form richtet sich nach dem Zusammenhang, in dem die Übung stattfindet.)

Halb offene Phantasiereise: Sternenhimmel

Stell dir vor: Du wohnst als Nomade in der Wüste. Es ist Abend und du bist gut und sicher aufgehoben. –
Du sitzt in deinem Zelt und ein kleines Licht brennt. Es ist ein friedlicher Abend. –
Es ist ganz leise in der Wüste, das Schweigen der Nacht umfängt dich.
Du spürst eine innere Einladung. Du trittst aus deinem Zelt hinaus in die sternklare Nacht und gehst ein paar Schritte in die Wüste.
Die Stille und die Dunkelheit umgeben dich. – – –
Du schaust in den klaren Himmel und siehst die Sterne.
Unzählige Sterne leuchten über dir.
Wie eine Decke umhüllen sie dich. – – – –
Du hörst die Zusage: »Dein Leben ist wertvoll. Du bist gesegnet. Und genauso die Menschen, die mit dir leben und zu dir gehören.« –
Lass diese Zusage wirken (deutliche Pause).

Nun kehre in dein Zelt zurück.
Behalte, was dir begegnet ist.

Rückführung: Die Reise in die Wüste ist zu Ende. Bewege deine Finger, deine Augen und komm wieder hier im Raum an.

Du kannst auf schwarzem Karton mit Zauberkreide (siehe dazu im Kapitel über das Malen) dich unter dem Sternenzelt gestalten.
(Hinweis: Diese Geschichte nimmt ein biblisches Motiv aus der Abraham-Erzählung auf.)

Offene Phantasiereise: Der geschenkte Garten

Am Anfang steht eine kleine thematische Hinführung und Einstimmung. Wichtig sind auch Hinweise zur Körperhaltung und die Zentrierung, damit die Teilnehmenden bei sich ankommen.

Stell dir vor, jemand hat dir einen Garten geschenkt. Heute willst du ihn dir anschauen. Stell dir vor, du kommst den Weg oder die Straße entlang und siehst deinen Garten von außen. Vielleicht ist ein Zaun oder eine Hecke darum herum. –
Du gehst langsam darauf zu und siehst den Eingang.
Es ist dein Garten, deshalb ist er für dich offen. Probier es einfach. – –
Geh ein paar Schritte hinein. Es ist ein großer Garten mit verschiedenen Bereichen.
Der Weg führt zunächst am Nutzgarten vorbei. Dort wächst allerlei, was du gerne magst. Schau es dir einfach an. Wenn du etwas ernten magst, nimm es einfach mit. – –
Der Weg führt weiter zu einer Obstwiese. Nimm dir Zeit, dich ein wenig umzusehen. Schau mal, was für Bäume dort stehen, ob sie Früchte tragen oder in Blüte stehen. Vielleicht gibt es auch Beerensträucher, von denen du essen kannst. – –
Komm jetzt noch ein wenig weiter. Im Garten gibt es auch eine Wasserstelle: ein Wasserlauf, ein kleiner See, ein Brunnen oder etwas Ähnliches. Geh so lange, bis du die Wasserstelle findest und verweile dann einen Moment dort. Vielleicht möchtest du dich erfrischen oder etwas trinken. –

Es gibt noch einen Bereich zu entdecken. In deinem Garten gibt es auch einen Platz, an dem du bei Regen Unterschlupf finden kannst: eine Gartenlaube, eine Hütte, ein kleines Haus oder auch etwas ganz anderes. Geh so lange umher, bis du diesen Platz gefunden hast. –

Jetzt kennst du deinen Garten schon ein wenig. Du hast jetzt noch Zeit, dort zu verweilen. Spür nach, was du gerne tun möchtest. Du kannst alles tun, was du willst. Ich hole dich wieder ab (deutliche Pause von ca. 45 Sekunden).

Rückführung: Nun ist es Zeit, sich für heute von deinem Garten zu verabschieden. Geh in aller Ruhe zum Ausgang zurück. – Wenn du dich jetzt kräftig durchräkelst, bist du wieder hier im Raum. Was hat dich am meisten beeindruckt? Nimm es wie ein Erinnerungsfoto mit. Du hast jetzt Zeit, die Bilder nachklingen zu lassen und eines davon zu malen oder nur zu skizzieren, damit die Erinnerung bleibt.

Literatur

Verena Kast, Imagination als Raum der Freiheit, Olten 1991
Gerda und Rüdiger Maschwitz, Phantasiereisen zum Sinn des Lebens, München 1998
Doris Müller, Phantasiereisen im Unterricht, Braunschweig 1994
Ingrid Riedel, Bilder in Therapie, Kunst und Religion, Stuttgart 1991
Ang Lee Seifert / Theodor Seifert / Paul Schmidt, Der Energie der Seele folgen. Gelassen und frei durch aktive Imagination, Düsseldorf 2003

Meditation und meditative Übungen

Grundsätzliches zur Methode

Obwohl es im christlichen Bereich verschiedene alte Meditationspraktiken gibt, waren sie bei uns über lange Zeit nahezu unbekannt. Viele Menschen, die mit ihrer Glaubenspraxis unzufrieden oder auch einfach neugierig waren, entdeckten deshalb die Meditationswege der östlichen Religionen für sich. Bereits nach dem Ersten Weltkrieg gab es eine Bewegung, die sich für die Meditationspraxis des Yoga und des Zen interessierte. Durch Vorreiter wie Graf Dürckheim und Enomiya-Lasalle wurden diese Meditationswege nach dem Zweiten Weltkrieg bei uns bekannter und vor allem im katholischen Bereich zunehmend stärker praktiziert. In den 70er- und 80er-Jahren fand die Meditation immer größeren Zuspruch. Die intensive Beschäftigung mit den östlichen Wegen führte auch zur Wiederentdeckung der christlichen Wege, vor allem des Herzensgebetes und der Kontemplation. Da die klassischen Wege recht streng und anspruchsvoll sind, entwickelten sich viele Varianten (und auch Wildwüchse), um die Idee der Meditation möglichst vielen Menschen zugänglich zu machen.

Die Methoden wurzeln alle in den Meditationstechniken der verschiedenen Religionen und in den liturgischen Ritualen, die über die Sinne zum »Da-Sein« einladen und über den Ritus ein Gefühl der Vertrautheit und der Dazugehörigkeit vermitteln. Heute kann man grob vier Gruppen unterscheiden:

- gegenstandsfreie Meditation
- gegenstandsbezogene Meditation
- geführte Meditation
- meditative Übungen

Gemeinsam ist allen vier Gruppen: Meditative Übungen und Meditation bezeichnen unterschiedliche und verschieden intensive Übungen, deren Ziel es ist, durch gezielte Anleitung zur Achtsamkeit den spirituellen Raum zu erschließen. Die Übung der Meditation führt über die Konzentration auf einen inneren oder äußeren Sammelpunkt zum Dasein in der Gegenwart. Dabei spielt die Sinnfrage, die Frage nach dem Wesentlichen eine zentrale Rolle: Was ist mein Wesen? Was ist das Wesen der Natur, der Schöpfung? Was ist das Wesen Gottes? Es geht aber auch um die Erfahrung der Verbundenheit: Ich bin ein Teil des Ganzen.

Vier verschiedene meditative Zugänge

1. Gegenstandsfreie Meditation

Die gegenstandsfreie Meditation wird auch Kontemplation genannt. Beide Worte deuten das Ziel und das Wesen der Übungsform an. Der Übende bewegt sich und lässt sich auf die Mitte des Lebens hinbewegen (meditari). Es ist gleichzeitig ein aktives und passives Geschehen. Dieses Paradox ist für die Meditation kennzeichnend. Der Mensch bewegt sich – aktiv – auf den Urgrund des Lebens hin und lässt sich – passiv – vom Urgrund des Lebens, also von Gott, zu Gott hinbewegen. Dabei ist der Mensch selbst der Ort (der Tempel), an dem Gott immer schon ist und wo Gott mit ihm zusammen wohnt (con-templare).

Da Gott da ist – immer schon und ohne Unterlass – richtet der Mensch seine Aufmerksamkeit nach innen, auf den Ort, an dem Gott gegenwärtig ist, also auf sich selbst. Er muss dazu zweierlei geschehen lassen und gleichsam doch tun:

- Er richtet sich in der Stille und im Schweigen auf die Gegenwart Gottes ein und erlebt damit die Kraft der Stille – mit all ihren Seiten.
- Er wird zum Hörenden, Wahrnehmenden und Spürenden. Der Mensch öffnet sich damit der Wirklichkeit Gottes und erfährt sie.

Viele Menschen erwarten dabei Großes und Überwältigendes und machen dann die überraschende Erfahrung, dass sie in der Meditation entdecken und erfahren, dass Gott im Alltäglichen da ist. Weihnachten ist das Fest der Kontemplation: Gott ist im Kleinen – das Kind Jesus wird zum Bild für die Erfahrung mit Gott.

In der gegenstandsfreien Meditation ist die Übung einfach und schlicht; sie besteht in einer kontinuierlichen Ausrichtung der Aufmerksamkeit auf den eigenen Atem oder das »Da-Sein« überhaupt. Die Schwierigkeit liegt nicht in der Übung als solcher, sondern in der kontinuierlichen, gelassenen und intensiven Praxis. Die Aufmerksamkeit liegt in allen gegenstandsfreien Meditationsformen im Menschen selbst.

Auch wenn die Übung noch so einfach erscheint, sie ist nötig, wenn man länger oder öfter in die Stille geht. Sie ist eine Hilfe, wir nennen es ein Seil oder Geländer, um sich weder in den Gedanken, noch in den Empfindungen, Träumen oder Visionen zu verlieren. Ein Seil oder Geländer soll Halt geben und mit dem Ziel verbinden. Eine weitere Hilfe ist fachkundige Begleitung.

Die beiden letzten Übungen im praktischen Teil können zur *Kontemplation*, zum schweigenden Verweilen in der Gegenwart Gottes hinführen. Das Seil in der Kontemplation kann der Atem sein. Der Atem heißt im Hebräischen »ruach« und bezeichnet zugleich Geist, Kraft, Wind, Lebenshauch. Indem ich mich auf meinen Atem konzentriere, verbinde ich mich mit dem Ursprung, mit Gottes Geist.

Der gleichen Übungspraxis begegnen Sie im *Zazen*. Der Buddhismus, zu dem die Zen-Praxis gehört, kennt keinen persönlichen Gott in unserem Sinne. Die innere Anbindung durch die Ausrichtung auf den Atem führt deshalb zur Erfahrung des in allen Menschen liegenden Ursprungs, ohne ihn zu benennen.

Ein anderes Geländer wird im *Herzensgebet* benutzt. Hier ist es ein Wort oder Satz, an dem ich mich in der Stille festhalte, z.B.: »Jesus Christus« oder »Du in mir – ich in dir«. Das Herzensgebet geht auf die Texte in der Bibel zurück, die vom immer währenden Gebet sprechen. Auf die Frage: Wie kann ich beten ohne Unterlass? – also bewusst in der Gegenwart Gottes bleiben – ist das Herzensgebet die Antwort. Indem ich mein Wort immer und immer wieder wiederhole, gehört es immer mehr zu mir, bis es mich so selbstverständlich begleitet wie mein Atem.

2. Gegenstandsbezogene Meditation

Die gegenstandsbezogene Meditation richtet ihre Aufmerksamkeit nicht nach innen, sondern nach außen auf einen Impuls. Dies kann ein Bild, ein Symbol, ein Text oder ein Gegenstand sein. Der Mensch schaut diesen Gegenstand und lässt sich auf ihn ein.

So bleibt der Übende in einer offenen Aufmerksamkeit bei seinem Impuls und lässt ihn wirken. Bei Abschweifungen kehrt er wieder zum Impuls zurück.

Ein Beispiel

Der/die Übende schaut im Winter einen knospenden Zweig. Aber nicht nur er/sie schaut den Zweig, sondern der Zweig schaut auch ihn/sie. Es geschieht also eine Begegnung, die ihre Auswirkung hat. Der Zweig bewegt den Übenden in seinem Inneren, es kommt etwas in Bewegung und wird Berührung. Letztlich weist der Impuls über sich hinaus auf andere Dimensionen des menschlichen Seins – der Mensch ahnt bzw. spürt: Gott ist gegenwärtig.

Diese Form der Meditation bedarf immer wieder neuer Impulse. Es gibt zwar auch Bilder und Symbole, z.B. eine Ikone oder das Kreuz, bei denen der Übende immer wieder neu verweilen kann und die ihn letztlich vom äußeren Gegenstand zur Verinnerlichung führen, aber dies ist nicht der Grundzug der gegenstandsbezogenen Meditation. Sie ist und sollte eine Einzelübung bleiben.

Aber sie ist sicher auch ein guter Wegweiser zur Kontemplation.

3. Geführte Meditation

Die geführte Meditation bewegt sich zwischen gegenstandsbezogener Meditation und meditativer Übung und wird mal dem einen, mal dem anderen Bereich zugeordnet. Entscheidend dafür ist vielleicht die Art und auch die Konsequenz der Übungsanleitung. Ich erwähne sie hier eigens, weil sie für mich einen eigenen methodischen Ansatz mit entsprechenden Chancen und Schwierigkeiten darstellt. Diese Form spricht besonders Jugendliche und ungeübte Erwachsene an. Für sie reicht der Impuls einer inneren Übung oder eines äußeren Sammelpunktes für ihre Aufmerksamkeit nicht aus, um den Weg nach innen zu finden. Andererseits bieten die meditativen Übungen gerade Erwachsenen oft viel zu viel Stoff zum Bedenken, der dann vom Erfahren und Dasein ablenken kann. Da hilft es manchmal, an der Hand genommen zu werden, um so zur inneren Sammlung und Stille zu finden.

Die geführte Meditation begleitet den Weg in die Stille mit kurzen Impulsen, die die Aufmerksamkeit ausrichten helfen, und führt zu einem Verweilen in der Stille. Dies kann über einen äußeren Impuls gehen, etwa eine Bildmeditation, oder über innere Bilder und Vorstellungen. Viele gegenstandsbezogene Meditationen sind geführte Meditationen. Oft wird dabei aber zu viel gesprochen, sodass der Hörende praktisch an den meditativen Erfahrungen des Anleitenden teilnimmt. Oder durch die Impulse werden eigene Assoziationen wach, sodass es eigentlich eher eine Phantasiereise ist. Auch in der geführten Meditation muss deshalb die Anleitung so offen sein, dass die Teilnehmenden den Raum zu eigenen Erfahrungen und Entdeckungen haben, und trotzdem findet Anleitung statt, die von der Sinnfrage und nicht von der Selbsterfahrung her bestimmt wird. Diese Balance gilt es aufrechtzuhalten.

4. Meditative Übungen

Die neueren Ansätze der Religionspädagogik, denen es um erfahrbaren Glauben geht, haben auf die Meditationspraxis zurückgegriffen und von dort aus methodische Anregungen vor allem für die Vermittlung an Kinder und Jugendliche, aber auch für Erwachsene weiterentwickelt. Besonders Hubertus Halbfas hat hier zahlreiche Impulse gegeben.

Auch unsere Anregungen für Stilleübungen mit Kindern haben sich vor dem Hintergrund unserer eigenen Meditationspraxis und der pädagogischen Arbeit entwickelt. Impulse aus anderen Bereichen kamen hinzu und haben kreative und vielfältige Formen von meditativen Übungen entstehen lassen.

Meditative Übungen eignen sich als Einstieg in die verschiedensten Formen und Anlässe der Beschäftigung mit geistlichen Themen. Sie leiten auf behutsame, oft auch spielerische Weise an, dem Wesen der Dinge auf die Spur zu kommen. Dabei wird ein Gegenstand aus der Natur, ein Symbol, eine Sinneswahrnehmung, eine ruhige Tätigkeit oder auch eine geführte Phantasiereise zur Hilfe genommen, um die Aufmerksamkeit zu bündeln. Die Art der Anleitung, die Atmosphäre und der Rahmen, in dem die Übung stattfindet, helfen mit, von einer äußeren Betrachtung oder der Wiedergabe von Gelerntem weg zu einer tieferen Erfahrungsebene zu gelangen. So geht es in der Vier-Elemente-Übung nicht darum, aufzuzählen, warum Wasser für unser Leben wichtig ist, sondern im Berühren, im Trinken zu *spüren*, was für ein Geschenk Wasser ist.

In der meditativen Übung entwickelt sich eine neue Qualität:

- Ich nehme nicht mehr von außen wahr, sondern ich lasse mich einbeziehen.
- Ich urteile und beurteile nicht, sondern erlebe, was mir begegnet.
- Ich zähle, erfasse, benenne nicht, *was* ich höre, sondern ich höre: die Geräusche, die Stimmen, die Musik.
- Ich will nicht wissen, wie Wasser schmeckt oder eine Blume riecht, sondern ich schmecke und rieche.

Die einzelnen Formen dieser Methode sind sehr unterschiedlich. Es gibt eine Reihe von Übungen, die dazu einladen achtsam zu werden. Da dies über ein bewusstes Ansprechen und Wahrnehmen unserer Sinne am besten geht, sind Sinnes- und Wahrnehmungsübungen generell eine gute Vorbereitung und Hinführung zu den meditativen Übungen.

Dabei ist es schwierig, meditative Übungen von Stilleübungen allgemein zu trennen. Vieles, was unter dem Stichwort Stilleübungen erprobt wird, gehört zu den meditativen Übungen, aber nicht alles, was meditative Übung genannt wird, ist auch eine. Vielleicht lässt es sich so sagen: Stilleübungen, deren Ansatz und Thematik spirituell geprägt sind, kann man als meditative Übungen bezeichnen.

Meditative Übungen können bereits ab dem Kindergartenalter genutzt werden, sind aber auch für Erwachsene eine gute Erfahrung.

Welche Erfahrungen bringt Meditation mit sich?

Meditation lädt ein, sich der Wirklichkeits-Fülle der Gegenwart zu öffnen. Meist wird dies mit dem schönen Wort »ganz im Hier und Jetzt sein« umschrieben. Doch führt dies leicht zu Missverständnissen. Viele leben im Hier und Jetzt und lassen sich treiben. Andere nutzen die Gunst jedes Augenblickes und tun dabei doch nur das, was ihnen Vorteil bringt. Im ersten Fall fehlt die Bewusstheit, im zweiten wird das Spektrum der Möglichkeiten aus einem egozentrischen Blickwinkel eingeschränkt. Erfahrungen großen Glücks, Verliebtsein, unendliche Erleichterung nach Anstrengung oder Angst kommen dem schon näher.

Wenn wir von den intensivsten Erfahrungen der Meditation ausgehen, der Erfahrung des Einsseins mit Gott, wie es die christlichen Mystiker beschreiben, oder der Erfahrung der absoluten Präsenz, der Erleuchtung, wie es im Zen beschrieben wird, gewinnt das Hier und Jetzt eine andere Qualität: Nichts steht mehr zwischen mir und der unendlichen Gegenwart Gottes, zwischen mir und dem Absoluten.

Der Weg der Meditation holt jeden dort ab, wo er steht, und so sind die Erfahrungen durchaus recht verschieden. Das Erfahrungsspektrum reicht von Entspannung und innerer Ruhe, Verbesserung der Konzentration und Achtsamkeit, über Steigerung der Empathie und der Toleranz, die Erfahrung des Angenommenseins, vertieftes Selbst-Bewusstsein, intuitive Erkenntnis und das Gefühl der Verbundenheit mit allem bis zur Erfahrung des All-eins-Seins, der Erleuchtung und Gotteserfahrung.

Aber auch die Begegnung mit der eigenen Lebensgeschichte, mit Gelungenem und Misslungenem, mit Verletzungen und Stärkungen, mit Leid und mit Glücklichsein gehören dazu. Ein wenig davon ist in jeder meditativen Übung, in jeder geführten oder schweigenden Meditation erfahrbar.

Die spirituelle Dimension ist in den Übungen von Anfang an angelegt, da es um das Wesentliche geht. Dem widerspricht vielleicht, dass zum Beispiel im Management oder im Gesundheitsbereich Meditation als reine Technik zur Entspannung angeboten wird. Ich halte dies für eine bedenkliche Reduzierung, die die Möglichkeit der spirituellen Erfahrung ausklammern will, weil sie unerwünscht ist. Dabei wird der äußere Rahmen und die Tatsache, dass die Technik erst einmal gelernt werden muss, die meisten vor tieferen Erfahrungen »schützen«. Doch im Üben kann jede/r von der spirituellen Ebene berührt werden, und wenn dies vorher nicht klar ist, kann dies zu verwirrenden und auch erschreckenden Erfahrungen führen. Man sollte sich deshalb dessen bewusst sein: Die spirituelle Dimension ist in den meditativen Übungen und der Meditation per se enthalten.

Eine andere Schwierigkeit ergibt sich manchmal daraus, dass viele Menschen erwarten, durch Meditation Abstand von ihren Problemen zu bekommen. Durch die Übung der Meditation können die Probleme jedoch erst einmal bewusster werden. Es wächst aber auch die Kraft, damit umzugehen. Trotzdem muss, wer meditative Übungen anleitet, mit solchen Erfahrungen rechnen und zum Gespräch bereit sein. Dies gilt auch schon bei Kindern.

Selbsterfahrung und -reflexion, wie sie oft auf dem Meditationsweg in der Auseinandersetzung mit der eigenen Lebensgeschichte geschehen, sind nicht Ziel, sondern Notwendigkeit auf dem Weg. Jede Erfahrung, jede Einsicht kann reflektiert und muss integriert werden, damit sie sich im Leben auswirken kann. Es ist daher nicht wichtig – und auch nicht sinnvoll – Erfahrungen zu forcieren.

Was beeinflusst die Intensität?

Es gibt verschiedene Faktoren, die die Intensität meditativer Übungen bzw. der Meditation beeinflussen. So wird die Intensität der Erfahrung wesentlich dadurch bestimmt, wieweit sich der/die Einzelne auf die Übung einlassen kann und welche Vorerfahrungen er/sie mitbringt.

Am Anfang ist es besonders wichtig, den entsprechenden Rahmen zu schaffen, der Vertrautheit ermöglicht und spirituelle Erfahrungen erlaubt. So ist es z.B. ein Unterschied, ob ich eine meditative Übung zur Spirale im Religionsunterricht oder im Kindergottesdienst anleite. Im Kindergottesdienst sollte der äußere Rahmen (Raum, Mitte) stimmen und es wird keine Frage sein, dass es hier um religiöse Erfahrungen gehen kann. Andererseits ist die Vertrautheit der Kinder untereinander vielleicht nicht so groß, da viele nur sporadisch teilnehmen.

Im Religionsunterricht dagegen kann eine gute menschliche Grundatmosphäre gewachsen sein, die es den Schülerinnen und Schülern leicht macht, sich neuen Erfahrungen zu öffnen. Aber es ist nicht so einfach, sich in einem normalen Klassenraum wirklich persönlich auf eine Übung einzulassen und nicht durch die Äußerlichkeiten ablenken zu lassen. In jeder Situation wird die Übung sich entsprechend anders entfalten.

Auch Erwachsene können ein Meditationsangebot meist wesentlich offener annehmen, wenn es in einem geschützten, inspirierenden Rahmen angeboten wird. Häuser der Stille, Klöster, entsprechend orientierte Bildungsstätten sind daher gute Orte, um erste Meditationserfahrungen zu sammeln.

Für alle gilt, dass das Da-Sein unterstützt wird durch die Einbeziehung des Körpers: durch die Haltung, vorbereitende Leibarbeit, Gebärden oder das Ansprechen der Sinne.

In der Übung helfen Verlangsamung (ruhige Anleitung, kleine Impulse, Pausen, Handlungen nacheinander ausführen) und Vereinzelung (Konzentration auf einen Gegenstand, einen Sinn, ein Wort) die Aufmerksamkeit zu bündeln.

Die letztlich vertiefende und intensivierende Wirkung entsteht jedoch dadurch, dass ich eine – meist sehr einfache – Übung regelmäßig über lange Zeit übe, etwa täglich eine Zeit im Schweigen, in der Meditation verbringe. Dieser langsame Prozess erleichtert auch die Integration der Erfahrungen.

Praktische Übungsbeispiele

Gehen auf der Spirale

An dieser Übung lässt sich gut zeigen, wie Variationen der gleichen Ausgangsübung immer wieder neue Erfahrungsräume schaffen.

Grundidee ist es, die Bewegung der Spirale körperlich und ganzheitlich zu erfahren. Dabei gibt es einen Weg nach innen und einen Weg nach außen, eine Mitte und ein offenes Ende.

1. Aufmerksamkeitsübung

In einem genügend großen Raum ist mit Tesakrepp eine Spirale auf den Boden geklebt. Nacheinander – das entspricht dem Prinzip der Intensivierung durch Verlangsamung – gehen die Teilnehmenden (möglichst ohne Schuhe) die Spirale nach innen und wieder nach außen. Als Vergleich können wir noch eine Gerade kleben und sie ebenfalls abschreiten. Auf welcher Linie lässt es sich leichter gehen? Wo seid ihr mehr daneben getreten? Was unterscheidet die beiden Wege?

2. Geführte Meditation

Gerade und Spirale sind Symbole für zwei unterschiedliche Lebenskonzepte. Indem ich sie abschreite, kann ich diesen nachspüren. Wo ist bei der Spirale Anfang und Ende? Von wo kommen wir? Wohin gehen wir?

Was ist die Mitte?

Die Übung kann noch erweitert werden, indem ich statt der Spirale andere Labyrinthwege lege und gehe, z.B. das Lebensbaumlabyrinth oder das Labyrinth von Chartres.

3. Meditative Übung

Diese meditative Übung bietet sich besonders in der Advents- und Vorweihnachtszeit an. Ihr Thema ist: Ein Licht leuchtet in der Dunkelheit und lädt uns ein, es in die Welt zu tragen.

In der Mitte der Spirale (vielleicht aus Tannenzweigen gelegt – dann nicht barfuß darübergehen, sondern den Zweigen entlang) brennt eine Kerze. Jede/r geht mit einem Teelicht in einer Schale in die Mitte, zündet sein Licht an und trägt es nach außen.

Variation 1

Die anderen begleiten das Gehen mit einem Lied: »Licht soll es werden auf Erden, Friede den Menschen allen« oder: »Mache dich auf und werde licht, denn dein Licht kommt« oder: »Tragt in die Welt nun ein Licht, sagt allen: Fürchtet euch nicht!«.

Variation 2

Das Licht, das der Erste aus der Mitte geholt hat, wird mit einem Wunsch einem anderen geschenkt. Dieser stellt es an seinen Platz und geht als nächster nach innen.

Das Prinzip des Verlangsamens

Indem ich eine Übung einzeln nacheinander ausführen lasse, bringe ich Ruhe in den Ablauf. Auch verdeutliche ich so, dass alle wirklich ihren Raum haben, um ihre Erfahrungen zu machen. Sie können den Unterschied ausprobieren. Wenn mehrere gleichzeitig in der Spirale laufen, muss ich meine Aufmerksamkeit zwischen dem Weg und der Begegnung mit den anderen teilen. Ich kann nicht mehr so bei mir sein. Dieses Prinzip ist in vielen Übungen anwendbar, es schafft Ruhe und erhöht die Aufmerksamkeit. Dies hat natürlich Auswirkungen auf die Gruppengröße. Bei Kindern geht dies in Gruppen bis ca. 12 Personen.

Die Vier-Elemente-Übung

Die Vier-Elemente-Übung bietet immer wieder einen guten Zugang zu der Erfahrung, dass wir als Menschen Teil der Natur sind und die Natur auf uns einwirkt.

Wieder können Wahrnehmungsübungen der einzelnen Elemente vorangehen oder auch zur Vertiefung folgen. Die vier Elemente Erde, Wasser, Luft und Feuer kennzeichnen die verschiedenen Aggregatzustände der Materie (fest, flüssig, gasförmig) und die Energie, die zur Verwandlung der Stoffe nötig ist.

Grundübung

In der Mitte stehen vier Schalen, die am Anfang noch zugedeckt sein können. In der ersten Schale ist Erde, in der zweiten Wasser, in der dritten Luft (entweder leer oder mit kleinen Federn darin, einem Windrad oder einem Fächer), in der vierten ein Teelicht.

Nach einer kurzen Hinführung (Was brauchen wir zum Leben?) wird die erste Schale aufgedeckt und herumgereicht. Jede/r darf die Erde anfassen, daran riechen, sie genau ansehen. Während die Schale weiterwandert, wird eingeladen nachzusinnen: Wo habe ich Berührung mit der Erde? Was gehört alles zur Erde? Was bedeutet Erde für mich? Wofür brauchen wir die Erde? Wenn die Schale im Kreis herumgegangen ist und wieder in der Mitte steht, können Sie alle einladen, sich bewusst hinzustellen und den Boden, die Erde unter sich zu spüren. Dann kann man sich darüber kurz austauschen.

Genauso wird mit den anderen Schalen verfahren: Nach dem Erleben des »Wassers« können alle bewusst einen Schluck frisches Wasser trinken. Nach dem Erleben der »Luft« kann ich einladen, bewusst den Atem zu spüren. Für das Erleben des »Feuers« wird das Teelicht angezündet. Danach können wir uns einen Sonnenstrahl vorstellen.

Ist die Gruppe relativ groß – mehr als acht bei kleinen Kindern, mehr als zwölf bei größeren – kann man alle vier Elemente vorstellen und dann zwei oder alle vier Schalen gleichzeitig herumgeben. Dabei sollten die Schalen am Anfang gleichmäßig im Kreis verteilt sein, damit alle Zeit haben, sich mit dem einzelnen Element zu beschäftigen.

Weiterführungen und Vertiefungen

- Es können in vier Kleingruppen große Bilder gestaltet werden, die jeweils ein Element in den Mittelpunkt stellen. Es bietet sich an, bereits das Arbeitsmaterial dem Element entsprechend zu wählen:
  Erde: Naturmaterialien
  Wasser: Wasserfarben
  Luft: Federn, Watte
  Feuer: Transparentbilder, die von einer Kerze oder vom Sonnenlicht zum Leuchten gebracht werden.
- Es kann ein Lied wie: »Du hast uns diese Welt geschenkt« (Evangelisches Gesangbuch, Nr. 612) oder »Laudato si« (Evangelisches Gesangbuch, Nr. 515) gelernt und mit Gesten begleitet werden.
- Es kann eine Gebärde erarbeitet werden, die ein Dankgebet zu den Elementen ausdrückt. (In: »Stille-Übungen mit Kindern«, S. 85, ist die Tai Chi-Übung zu den vier Elementen dargestellt.)
- Es kann auch für jedes Element eine eigene Übungseinheit genommen werden, dann können Sie mit den Elementen so wie in der folgenden »Stein«-Übung beschrieben vorgehen.

Das Wesen des Steins – eine geführte Meditation

In einer guten Atmosphäre laden Sie ein, sich dem zu nähern, was in dem Symbol des Steins verborgen liegt. Als Hinführung dient bei Älteren eine kurze Vorbereitung, in der Sie an der Erfahrung anknüpfen, dass viele Menschen Steine als Erinnerung mitnehmen. Einerseits hat jeder Stein so seine eigene Geschichte, andererseis gibt es auch etwas, was den Stein als solches ausmacht. Um diese Ebene soll es in der Übung gehen. Lassen Sie einen Korb mit möglichst verschiedenen Steinen herumgehen, aus dem alle sich ihren Stein heraussuchen können.

Nach einer Anleitung zum entspannten, aufrechten Sitzen führen Sie in die Übung ein:

- Legen Sie den Stein so hin, dass Sie ihn mühelos ansehen können. Lassen Sie ihren Blick darauf ruhen. Wie sieht er aus? Welche Form, welche Farbe hat er?
- Wo mag er herkommen? Aus einem Fluss, vom Meeresstrand, von einem Gebirgspfad oder vom Wiesenrand?

Verweilen Sie mit Ihrer Aufmerksamkeit bei dem Stein, nehmen Sie Ihre Gedanken und Assoziationen wahr, ohne an ihnen festzuhalten. Lassen Sie sich mehr und mehr in die Geschichte Ihres Steins hineinnehmen.

- Der Stein hat nicht immer dort gelegen. Woher ist er gekommen?
- War er einmal ein Teil eines Felsens, Wind und Wetter ausgesetzt, oder schlummerte er lange unter der Erde?
- Steine sind alt, sie haben eine lange Geschichte. Wo mag die Geschichte Ihres Steines anfangen? Schauen Sie Ihren Stein an und gehen Sie mit ihm zurück, so weit Sie können.

Nach ca. 2–5 Minuten (je nach Vorerfahrung) lenken Sie die Aufmerksamkeit wieder auf den fühlbaren Stein und schließen mit bewussten Bewegungen der Augen und des Körpers ab.

Daran kann eine Zeit anschließen, in der jeder noch mit seinen Gedanken und Erfahrungen allein bleibt, spazieren geht oder sie in Text, Bild oder Ton ausdrückt. Ein Zweier- oder Gruppenaustausch kann sich anschließen.

Die Schale in mir – eine gegenstandsbezogene Meditation

Die Schale ist im Meditationsbereich ein vertrauter Gegenstand, da viele mit einer Klangschale die stille Zeit ein- oder ausklingen lassen. Die Schale ist auch ein gutes Symbol für die innere Haltung, mit der wir in die Meditation gehen. So bietet es sich an, mit Übungen zur Schale in die Meditation einzuführen.

In dieser Übung ist die Schale Mittelpunkt einer gegenstandsbezogenen Meditation. Stellen Sie dazu eine schöne, aber schlichte Schale so hin, dass alle sie gut sehen können. Nach einer Anleitung zum entspannten, aufrechten Sitzen führen Sie in die Übung ein:

Nehmen Sie den Kontakt der Füße mit dem Boden wahr. Von dort richten Sie sich auf. Die Kraft geht durch die Füße, die Beine, das Becken, die Wirbelsäule aufwärts bis zum Scheitelpunkt des Kopfes. Gleichzeitig lassen Sie sich gut auf Ihrem Stuhl nieder, spüren die Sitzbeinhöcker und den (weiten) Raum Ihres Beckens. Aufgerichtet und entspannt sammeln Sie Ihre Aufmerksamkeit auf das, was vor Ihnen steht.

Lassen Sie Ihren Blick auf der Schale ruhen, ohne sich anzustrengen. Verweilen Sie so, ohne etwas Besonderes zu erwarten oder zu wollen. –

Nehmen Sie das Ganze und dann wieder Einzelheiten wahr. Lassen Sie Ihren Blick über die feste Form gleiten und im Inneren der Schale ruhen.

Gedanken kommen und gehen (2–3 Minuten Stille).

Die Schale ist offen und weit –

leer –

bereit aufzunehmen und wieder abzugeben. –

Schließen Sie die Augen und nehmen Sie die Schale in sich hinein. Wie weit können Sie selbst Schale sein?

Verweilen Sie noch ein wenig mit offenen oder geschlossenen Augen bei der Schale (2–5 Minuten Stille).

Schließen Sie die Übung nun ab, bewegen Sie die Augen und den Kopf, reiben vielleicht die Hände oder verneigen sich.

An diese Übung kann sich ein Austausch anschließen, muss aber nicht. Allerdings sollten Sie als Anleitende/r deutlich machen, dass Sie zu (Einzel-)Gesprächen zur Verfügung stehen.

Die Schale in mir – Einstieg in die gegenstandsfreie Meditation

Die Schale kann auch als Übungseinstieg in die gegenstandsfreie Meditation dienen. Sie beschreibt hier mehr die innere Haltung, in die ich mich hineinbegebe.

Die Übenden sollten eine gute Sitzhaltung eingeübt haben, damit sie die Idee der Schale auch innerlich spüren können. Wenn alle in ihrer Meditationshaltung sitzen und Sie evtl. mit einer Verneigung und dem Gong die stille Zeit eröffnet haben, kann folgender Text als Hinführung helfen:

- Stell dir deinen Beckenraum als eine weite offene Schale vor, die fest gegründet auf der Erde steht.
- Durch diese offene Schale lass deinen Atem strömen, deinen Ein- und Ausatem, so wie er kommt und geht.

- Wenn Gedanken kommen, lass sie wie ein Blatt in deine Schale fallen – der nächste Ausatem nimmt sie mit sich hinweg.
- Sei wie die Schale – offen und weit nach oben, fest gegründet nach unten.
- Atemzug für Atemzug füllt und leert sich die Schale.

Verweilen Sie in dieser Haltung 5–20 Minuten und schließen Sie die stille Zeit so, wie Sie sie begonnen haben. Lösen Sie mit ruhigen Bewegungen die Haltung.

Auch hier kann, muss aber kein Austausch folgen.

Literatur

Hugo M. Enomiya-Lasalle, Zen-Unterweisung, München 1994
Almuth und Werner Huth, Praxis der Meditation, München 2000
Willigis Jäger, Geh den inneren Weg, Freiburg 2000
Franz-Xaver Jans-Scheidegger, Worte – geboren aus Schweigen, München 2002
Rüdiger Maschwitz, Das Herzensgebet. Ein Meditationsweg, München 1999

Körperarbeit – Sich leibhaftig erfahren

Körperarbeit oder Leibarbeit?

Nach langen Jahrhunderten der Körperfeindlichkeit entstanden in den letzten gut hundert Jahren viele Bewegungen, die sich einer bewussten Schulung des Körpers bzw. des Leibes zuwandten. Obwohl der Begriff »Leib« heute eher ungewöhnlich ist, liegt in der Unterscheidung von Leibarbeit und Körperschulung bereits ein Stück Konzept. Während Körper sprachlich auf den lat. Begriff *corpus* zurückzuführen ist und mehr den materiellen Körperbegriff kennzeichnet, lässt sich Leib auf den mittelalterlichen Stamm *lib*, altnordisch *lif* zurückführen, was Leben bedeutet und damit den ganzheitlichen Begriff von Körper meint.

Am Anfang war es eine Wiederentdeckung des Körpers, und seine Ertüchtigung war selbstverständlich Teil einer den ganzen Menschen meinenden Erziehung. (Wobei, wenn wir vom Ansatz dieses Buches her denken, schon damals die Ganzheitlichkeit einen weiteren Riss bekam, da in der Folge der Aufklärung der Körper zwar wieder entdeckt, die spirituelle Seite des Menschen aber zunehmend ausgeblendet wurde.)

Heute kann man, was die Beschäftigung mit dem Körper betrifft, grob drei Richtungen unterscheiden: zum einen alles, was mit Sport und körperlicher Ertüchtigung zu tun hat (Freizeit- und Leistungssport, Bodybuilding), zum anderen alles, was die Gesunderhaltung des Körpers im Blick hat (Gymnastik, Ausdauersport und Fitnesstraining), und zum dritten solche Übungen, die über die Erfahrung des Körpers die leiblich-seelische Ganzheit des Menschen erreichen wollen. Aus der letzten Richtung kommen die verschiedenen Ansätze der Leibarbeit. Dazu zählen die Leibarbeit nach Dürckheim, Yoga, Atempädagogik (nach Middendorf u.a.), Eutonie, Feldenkrais, TaiChi u.a. Verschiedene Ansätze wie die Atempädagogik und die Eutonie sind aus den Erfahrungen der damals noch stärker ganzheitlich orientierten Gymnastik und dem Ballett entstanden. Bei einigen Richtungen sind heute die Übergänge zwischen Fitness-Gymnastik und Leibarbeit in der Praxis zum Teil fließend (z.B. beim Yoga) und es liegt an der Art der Anleitung (s.u.), wohin die Übung tendiert.

Der Unterschied zwischen Leibarbeit und Gymnastik, wie sie heute in der Regel angeboten und geübt wird, liegt in der bewussten Wahrnehmung der Verbindung von Körper, Seele und Geist. Auch wenn nur auf der körperlichen Ebene geübt wird, wird der Mensch als leiblich-seelische Ganzheit angesprochen. Die Leibarbeit geht davon aus, dass Veränderungen im Körper Reaktionen auf der geistigen und seelischen Ebene bedingen, die ich wahrnehmen und reflektieren kann. Umgedreht wirkt sich die geistig-seelische Stimmung eines Menschen auch auf seine körperliche Haltung und Befindlichkeit aus. Um diese Zusammenhänge zu erkennen, bedarf es einer aufmerksamen, bewussten Übungsweise. Die Übungen selbst sind oft recht einfach und werden – vor allem am Anfang – langsam geübt. Die Wahrnehmung soll der Bewegung folgen können.

Erfahrungen durch Körper- und Leibarbeit

Die Leibarbeit setzt auf der körperlichen Ebene an und führt somit auch zur Besserung im körperlichen Befinden. Vor allem die westlichen Methoden (Eutonie, Feldenkrais, Atempädagogik nach Middendorf) wurden auch entwickelt, um körperliche Schwächen zu verbessern. Daher können die Übungen durchaus zur Verbesserung körperlicher Fehlhaltungen führen, ganz gleich, durch welche Ursachen diese bedingt sind.

Viele Übungen bewirken einen körperlichen Spannungsausgleich, was in den meisten Fällen zunächst mit Entspannung gleichzusetzen ist, da viele Menschen heute eher überspannt sind. Interessant ist, dass die gleichen Übungen aber auch helfen können, aus einem spannungsarmen Zustand herauszukommen. Diese Beobachtung, dass einzelne Übungen je nach Voraussetzung des Übenden zu unterschiedlichen Erfahrungen führen können, unterstreicht die Ganzheitlichkeit des Ansatzes.

Das bewusste achtsame Üben führt zu einer Stärkung der Selbstwahrnehmung, ein Effekt, der gerade auch beim Üben mit Kindern sehr hilfreich ist. Wer länger übt, erfährt, dass es eine deutliche Beziehung zwischen innerer und äußerer Haltung gibt und dass ich das eine über das andere beeinflussen kann.

Zu den Erfahrungen der Körperarbeit zählt auch die Entdeckung des Leibgedächtnisses: unsere ganze Lebensgeschichte spiegelt sich in unseren körperlichen (Fehl-)Haltungen wider. Über unseren Körper können wir so verschüttete Erfahrungen erinnern und evtl. auf- und verarbeiten. Auch hier liegt ein Schlüssel zu ganzheitlicher Entwicklung und ganzheitlichem Selbstbewusstsein.

Die bewusste Ausübung einer solchen Übungsform stellt einen eigenständigen Wachstums- und Entwicklungsbereich dar. Besonders Menschen, die eine solche Form der Körperarbeit mit der Übung der Meditation verbinden, erleben die gegenseitige Bereicherung beider Erfahrungen für ihre ganze Entwicklung. Vor allem nach längerem Üben kann es durch die geistige Präsenz zu meditativen Erfahrungen kommen: »Wisst ihr nicht, dass der Leib der Tempel Gottes ist?«

Zur Anleitung von Körperarbeit

Wer zur Körperarbeit anleitet, sollte sich in der von ihm gewählten Form gründlich eingearbeitet haben. Nach meinen Erfahrungen sind Aus- und Fortbildungen über mehrere Jahre wesentlich sinnvoller als Crashkurse, auch wenn diese die gleichen Inhalte und Stundenzahlen umfassen. Da Körperarbeit kein rein mechanisches Übungssystem ist, muss auch der Lernende Zeit haben, Erfahrungen zu machen, zu reflektieren, Veränderungen zuzulassen und zu integrieren. Daneben ist es durchaus sinnvoll, andere Übungsformen kennen zu lernen. Dies kann den eigenen Stil bereichern, ohne dass es zu einem Mischmasch führt.

Die konkrete Übung setzt die eigene Übungserfahrung voraus, jede Übung sollte vorher durchgearbeitet worden sein, damit die möglichen Erfahrungen bewusst sind und bei Schwierigkeiten Variationen angeleitet werden können.

Die Übungen sollten in einer ruhigen Atmosphäre stattfinden. Besonders am Anfang muss der Unterschied zur Gymnastik bewusst angesprochen werden, damit sich die Übenden darauf einstellen können. Hilfreich ist eine klare Anleitung, die beschreibt, worauf die Aufmerksamkeit ausgerichtet werden soll. Im anschließenden Nachgespräch können die individuellen Erfahrungen ausgetauscht und Anregungen zur eigenen Weiterarbeit gegeben werden.

Alle Übungsansätze sind für Erwachsene entwickelt worden und werden auch vorrangig dort eingesetzt. Da viele Erfahrungen aber auch hilfreich für Kinder und Jugendliche sind, wurde nach Formen gesucht, diese auch ihnen zu vermitteln. Daraus sind z. B. die Eutoniegeschichten und Yoga mit Kindern entstanden. Ab etwa 10 bis 12 Jahren können Kinder und Jugendliche in einer ihnen angemessenen Sprache und Länge der Übungen die Erwachsenenformen mit Gewinn üben.

Intensität und Spiritualität der Übungen

Jede Körperarbeitsschule hat Übungen unterschiedlicher Intensität, die der wachsenden Achtsamkeit, Erfahrung und Beweglichkeit des Übenden angepasst sind. Am Anfang geht es oft erst einmal um das Erfassen eines Bewegungsablaufes, um das Wahrnehmen dessen, was ich tue, wenn ich einen Arm hebe, mein Gewicht verlagere, eine Bewegung aus der Hand oder der Schulter führe usw. Dann kommt die Verbindung von Bewegungen hinzu, z. B. Impuls und Transport in der Eutonie, Hand und Hüfte gleichzeitig bewegen im Tai Chi, Bewegung und Atem verbinden im Yoga, Bewegungsabläufe in Teile zerlegen und wieder verbinden im Feldenkrais.

Generell lässt sich sagen, dass alle Übungen durch Wiederholung und bewusste Reflexion der Selbstwahrnehmung an Intensität gewinnen. Meist liegt der Reiz für Anfänger zwar in den immer wieder neuen Übungen. Doch was eine Übung wirklich bewirkt, erfährt der, der eine Eutonie- oder Yoga-Übung oder eine Form im Tai Chi über ein viertel, ein halbes oder gar ein ganzes Jahr übt.

Das Bewusstwerden meiner selbst berührt immer existenziell. So ist in der Eutonie und der Atemschule nach Middendorf die Persönlichkeitsentwicklung im Grundansatz intendiert und geschieht im kontinuierlichen Üben.

Bei Tai Chi und Yoga gehörte die spirituelle Dimension im ursprünglichen philosophischen Grundansatz selbstverständlich dazu bzw. ist das Ziel der Übung. Oft ist davon in der Art der Anleitung heute nichts mehr zu spüren, aus einer spirituellen Körperarbeit ist Gymnastik geworden. Trotzdem bleibt das Potenzial in den Übungen erhalten und kann erspürt und erfahren werden. Im Tai Chi bewirkt die immer wieder gleiche Wiederholung der »Form« (s.u.) eine wache Präsenz, die einen stark meditativen Charakter haben kann. Deshalb sagen auch manche, dass Tai Chi Meditation in Bewegung ist.

Überhaupt passen Körperarbeit und Meditation gut zusammen. Körperarbeit verbindet die Betonung der Achtsamkeit und die bewusste Wahrnehmung des Körpers, der Bewegung im jetzigen Augenblick. Die spirituelle Dimension erschließt sich besonders denjenigen, die gleichzeitig Meditation üben, denn geistliche Erfahrungen sind Leiberfahrungen.

Die verschiedenen Körperarbeitsschulen

Leibarbeit nach Dürckheim

Karlfried Graf Dürckheim (1894–1988), Begründer der Initiatischen Therapie, entdeckte in den 1950er-Jahren, dass er den Körper in den therapeutischen Prozess einbeziehen musste, um über diesen Mittler zwischen Wissen und Fühlen die Lösung alter Muster und eine Integration neuer Haltungen zu erreichen. Die Initiatische Therapie ist kein Behandlungskonzept für bestimmte Krankheiten, sondern steht jedem suchenden Menschen – egal ob gesund oder krank – offen, um zu der Persönlichkeit zu werden, als die er vom Ursprung her gedacht ist. Neben der Leibarbeit gehören Methoden wie das geführte Zeichnen, Arbeit am Tonfeld, Meditation und Schwertarbeit zu den Hilfestellungen der Initiatischen Therapie.

Dürckheim sieht die Wichtigkeit, »den Leib, der man ist« zu pflegen und zu üben, um wirklich heil zu werden. Neben der Therapie beschreibt er einfache Übungen auf dem Weg, sich zunehmend in der Erdmitte des Menschen, im Hara, zu verankern.

Literatur

Karlfried Graf Dürckheim, Übung des Leibes auf dem inneren Weg, München 1981

Karlfried Graf Dürckheim, Hara, München 1991

Wolfram Helke, Körper – Seele – Geist wahrnehmen. Praxis und Therapie der personalen Leibtherapie nach Karlfried Graf Dürckheim, Schaffhausen 2001

Eutonie

Eutonie, entwickelt von Gerda Alexander (1908-1994), ist ein Weg der Körperarbeit und der Persönlichkeitsbildung. Durch einfache Übungen soll der Mensch angeregt werden, sein Leben eutonisch, d.h. mit einer der jeweiligen Situation angemessenen guten Spannung zu gestalten (*eu* = gut, *tonus* = Körperspannung). Die Arbeit mit verschiedenen Materialien als Widerständen, Übungen in der Vorstellung, Prinzipien wie Verlängerung und Transport helfen zu einer lebendigen Wahrnehmung der eigenen Persönlichkeit. Gerda Alexander selbst formuliert: »Eutonie will nicht zudecken, sondern entdecken, sie will uns nicht helfen, besser zu funktionieren, sondern mehr wir selbst zu werden.«

Eutonie kann prinzipiell von jedem und jeder geübt werden. Speziell für Kinder gibt es die Übungsform mit Eutoniegeschichten (entwickelt von Rüdiger Maschwitz).

Literatur

Gerda Alexander, Eutonie, München 1981
Marjan Kjellrup, Eutonie , München 2000
Rüdiger Maschwitz, Hellwach und entspannt. Eutoniegeschichten für Kinder, München 2001
Karin Sackmann, Eutonie Gerda Alexander, in: Volkmar Glaser/Jakob Derbolowsky, Der Atemlehrer im Gesundheitswesen, Heidelberg 1990

Feldenkrais

Auf Grund eigener körperlicher Einschränkungen hat der Physiker und Judo-Meister Moshe Feldenkrais ein umfangreiches funktionales Übungssystem entwickelt, dessen Grundsatz »Bewusstheit durch Bewegung« heißt. Feldenkrais geht davon aus, dass der Grad des Bewusstseins darüber entscheidet, wie weit wir uns den uns wirklich gegebenen Möglichkeiten entsprechend verhalten und handeln können. Zwischen den vier Bestandteilen, die unser Bewusstsein in jedem Moment wahrnimmt – Sinnesempfindung, Gefühl, Denken und Bewegung –, besteht eine ständige Wechselwirkung. Feldenkrais selbst sagt dazu: »Die Behandlung eines dieser Bestandteile wird notwendig zugleich auch auf die drei anderen wirken und somit auf den ganzen Menschen. In Wirklichkeit kann man einen anderen nicht anders korrigieren als Schritt für Schritt, wobei man sich abwechselnd ihm als einem Ganzen zuwendet und seinen Teilen.« Feldenkrais setzt bei der Bewegung an, weil er dies für die meisten Menschen am leichtesten hält. Die langsam und bewusst vollzogenen Bewegungen können aktiv in der Gruppe oder passiv in der Einzeltherapie geübt werden.

Literatur

Moshe Feldenkrais, Bewusstheit durch Bewegung, (Suhrkamp tb 429), Frankfurt 1995

Wolfgang Steinmüller / Karin Schaefer / Michael Fortwängler (Hrsg.), Gesundheit – Lernen – Kreativität, Bern 2001 (eine gute Einführung in die Alexander-Technik, die Eutonie nach Gerda Alexander und Feldenkrais)

»Der erfahrbare Atem« (Ilse Middendorf)

Auf den frühen Ansätzen der Atemtherapie nach Schlaffhorst/Andersen (1928) entwickelte Ilse Middendorf ihre Atemschule, die sie »Der erfahrbare Atem« nennt. Diese umfasst ein Schulungskonzept mit vielfältigen Körper- und Atemübungen. Ziel der Übungen ist »der erfahrbare Atem«, d.h. das bewusste Wahrnehmen des Atems, wie es von allein geschieht. Ilse Middendorf beschreibt das so: »Den Atem kommen lassen, gehen lassen und warten, bis er von selbst wiederkommt, heißt, die unbewusste Atemfunktion in ihren Gesetzen wahrzunehmen und zu erfahren ... Durch Dehnung, Druckpunktarbeit und Vokalraumbildung entstehen Bewegungen aus dem Atem, in denen urrhythmisches Geschehen und Kreativität eingeschlossen sind. Der Weg des erfahrbaren Atems führt in ein erweitertes Bewusstsein meiner selbst und trägt so zur Personwerdung im umfassenden Sinne bei.«

Literatur:

Ilse Middendorf, Der erfahrbare Atem, Paderborn 1995

Yoga

Yoga ist eines der großen alten Denksysteme Indiens. Das Wort Yoga kann »verbinden«, »anjochen«, »die Bewegungen des Geistes bündeln« oder »eins sein mit dem Göttlichen« bedeuten. Yoga umfasst ein vielfältiges Übungssystem, das alle Ebenen des Menschen anspricht. Dazu gehören Anleitungen für eine bewusste Lebensführung, Körper- und Atemübungen, Meditationspraxis und geistige Schulung. Bei uns wird in der Regel der körperorientierte Teil des Hatha-Yoga, evtl. verbunden mit einfachen Meditationsübungen, angeboten. Wichtig ist, so Desikachar: »So lassen Sie uns nicht vergessen: Wir können die Yogapraxis an jedem beliebigen Punkt beginnen, aber als ganzheitliche menschliche Wesen müssen wir schrittweise alle Aspekte von uns selbst einbeziehen.«

Literatur

Francis Acharya, Yoga – ein Weg zu Gott, München 1992
T. K. V. Desikachar, Yoga. Tradition und Erfahrung, Petersburg 1991
Paramhans Swami / Maheshwarananda, Yoga mit Kindern, München 1998

Tai Chi Ch'uan

Tai Chi Ch'uan ist eine alte chinesische Bewegungskunst und gehört heute zu den bekanntesten Übungssystemen Chinas. Es umfasst ein vielseitiges Übungssystem. Es umfasst »Schulung des Körperbewusstseins, Bewegungskunst, Atemübung, Übung zur Entwicklung von Anmut und Kreativität, Heilgymnastik, ganzheitliche Gesundheitsübung, sanfte Art der Selbstverteidigung, Kampfkunst und Meditation in Bewegung«. Es gibt verschiedene Schulen im Tai Chi Ch'uan, die meist nach ihrem Begründer benannt sind, z. B. Yang-Stil, Wu-Stil, Peking-Stil. Geübt wird vor allem eine »Form«, d.h. ein festgelegter Ablauf verschiedener Bewegungen: »Die Form des Tai Chi Ch'uan ist das Werkzeug oder das Hilfsmittel, mit dem wir an uns arbeiten. Erst wenn wir uns ganz auf sie ›einlassen‹ können, werden wir unser eigenes Tai Chi Ch'uan finden.« (Petra Kobayashi)

Literatur

Petra Kobayashi, Der Weg des Tai-Chi-Ch'uan, München 1994

Hinweis

Auch meditativer Tanz und rituelle Gebärden (Körpergebet) gehören in gewisser Weise zur Leibarbeit, da sie auf der körperlichen Ebene ansetzen aber die Entwicklung des ganzen Menschen meinen (siehe dazu die entsprechenden Kapitel in diesem Buch).

Praktische Übungsbeispiele zum Einstieg

Kleine Atemübungen

Langes Sitzen, konzentriertes Tun, Überanstrengung (z.B. beim Autofahren) führen zu einer schlechten Sauerstoffversorgung im Blut, was zu Müdigkeit und Abgeschlagenheit führt. Wenn Schlafen oder aktives Bewegen nicht möglich ist, können kleine Übungen den Sauerstoffpegel wieder verbessern:

Am einfachsten ist es, sich in frischer Luft oder bei offenem Fenster zu räkeln und zu strecken. Gähnimpulse sind willkommen und werden unterstützt. Wer schlecht gähnen kann, sollte den Mund leicht öffnen und die Zunge Richtung Rachen rutschen lassen und dabei einatmen. Meist folgt dann ein kräftiges Gähnen.

- Wer gerne gezieltere Bewegungen macht, kann beim Einatmen die Arme auseinander dehnen, als ob er einen Expander auseinander drücken würde und bei der Ausatmung wieder auf die Brust legen.
- Eine andere Möglichkeit ist es, die Arme einatmend weit zu öffnen und ausatmend sich mit den Armen vornüber zum Boden hängen zu lassen.

Diese Bewegungsübungen erfüllen auch dann ihren Zweck (vertiefte Atmung), wenn Sie sie mehr oder weniger aufmerksam machen. – Mit den folgenden kleinen Atemexperimenten können Sie ihrem Atemgeschehen prinzipiell auf die Spur kommen und auch ihre Atmung langfristig verbessern:

- Setzen Sie sich aufrecht hin und versuchen Sie einen Moment ihrem Atem zuzuschauen. Was nehmen Sie wahr? Können Sie einfach nur zuschauen?
- Legen Sie ihre Hände übereinander auf den Unterbauch und schauen Sie weiter zu. Was passiert?
- Legen Sie eine Hand auf den Unterbauch und eine auf das Brustbein. Was passiert?
- Legen Sie Ihre Hände seitlich locker auf die unteren Rippen. Was macht Ihr Atem?
- Eine Partnerübung: Stützen Sie Ihre Arme auf den Oberschenkeln auf und legen Sie die Stirn in ihre Hände. Der/die andere legt seine

Hände auf die rückseitigen unteren Rippen. Wo spüren Sie Ihren Atem jetzt?

- Achten Sie jetzt einmal auf das, was Sie von Ihrer Atmung im Nasenbereich spüren und wie der Atem dann weiterfließt:

1. Streichen Sie mit Daumen und Zeigefinger einer Hand deutlich den Nasenrücken aus. Wiederholen Sie dies ein paar Mal. Ziehen Sie dann an der Haut über der Nasenwurzel, so als ob Sie Luft zwischen Haut und Nase lassen wollen. Verändert dies die folgenden Atemzüge?
2. Legen Sie Ihre Zeigefinger auf die Oberlippe ohne die Atmung zu behindern. Dehnen Sie dann die Oberlippe kräftig nach unten. Wiederholen Sie dies einige Male. Wie und wo reagiert Ihr Atem darauf?
3. Als dritten Versuch streichen Sie mit den Fingernägeln seitlich über die Nasenflügel, bis Sie deutlich rechts und links eine Linie spüren. Verändert dies Ihren Atem?

Die letzten drei Übungen sind vereinfachte Übungen nach Ilse Middendorf, um über die drei Atemwege in unserer Nase Auswirkungen in den drei Atemräumen im Körper zu bewirken.

Eine Eutoniegeschichte für Kinder

In dem vorbereiteten Raum liegen Decken für jedes Kind und in der Mitte sitzt Pu, der Bär. Nach einer kurzen Einstimmung (»Ihr kennt doch Pu, den gemütlichen Bären ...«) laden Sie die Kinder ein, eine Geschichte mit Pu zu erleben. Dazu sollen sie einfach zuhören und das tun, was Pu tut.

Die Geschichte hat zwei Teile:

1. Teil

Pu wartet auf seinen Freund Christopher. Er hat sich auf den Boden gelegt und träumt ein wenig vor sich hin. Er weiß noch nicht, wie er liegen will. Er dreht sich ein wenig hin und her.
Dann bleibt er auf dem Bauch liegen. Das findet er heute am bequemsten.
Weil er Zeit hat, spürt er nach, ob es seinen Füßen gut geht, so wie sie liegen.
Er spürt erst den einen, dann den anderen Fuß und verändert die Lage noch mal, bis sie wirklich gut liegen.

Genauso macht er es mit seinen Beinen. Er spürt nach und bewegt sie, bis sie wirklich gut liegen.
Dann kommt er zu seinem Bauch. Seinen Bauch mag er ganz besonders und deshalb fühlt er genau nach, dass es seinem Bauch wirklich gut geht. Dann geht er weiter nach oben zu seiner Brust. Wie liegt er denn da? Er probiert aus, ob er vielleicht die Arme anders legen muss, um noch gemütlicher zu liegen.
Und da er schon mal bei den Armen ist, will er natürlich auch, dass es denen gut geht. Ganz aufmerksam geht er an den Armen und den Tatzen (Händen) entlang, und alles, was ihn stört, verändert er wieder.
Jetzt bleibt noch der Kopf. Er dreht ihn mal auf die eine, dann auf die andere Seite, hält ihn mal in der Mitte, bis er weiß, wie er ihn legen will.
Jetzt geht es ihm richtig gut. So kann er gut auf Christopher warten. Ob der ihm wohl etwas Honig mitbringt?

Hier kann die Übung enden und der zweite Teil kann bei einer weiteren Gelegenheit als neue Übung erzählt werden. Sie können aber auch mit Dehnen und Räkeln den ersten Teil abschließen, die Kinder erzählen lassen und dann den zweiten Teil anschließen.

2. Teil

Christopher kommt und bringt tatsächlich Honig mit. Pu will gleich den ganzen Topf leer essen, da erinnert ihn Christopher daran, wie er neulich über seinen dicken Bauch geklagt hat. »Oh ja«, erinnert sich Pu, »da konnte ich nicht so gut auf dem Bauch liegen wie heute.« (Nun können Sie nicht die Kinder einen Topf Honig essen lassen, um auszuprobieren, wie sich das anfühlt, aber Sie haben eine andere Idee: Dazu brauchen Sie einen Sack mit weich (!) aufgeblasenen Luftballons.)

Wollt ihr wissen, wie sich Pu auf dem Bauch fühlt, wenn er zu viel Honig gegessen hat? Dann nehmt euch jetzt einen Luftballon und legt ihn vorsichtig unter euren Bauch. Versucht eine gemütliche Lage auf eurem Ballon zu finden. – Liegen die Füße und die Beine noch auf dem Boden? Mit was berührt ihr überhaupt den Boden? Wie ist das mit euer Brust, euren Armen, eurem Kopf? Versucht ruhig ein paar vorsichtige Bewegungen auf dem Ballon zu machen. – Wenn er nicht ganz so viel gegessen hat, schaukelt Pu auch gerne auf seinem Bauch: Geht das bei euch auch? (Zeit zum Experimentieren lassen.) Jetzt nehmt den Ball vorsichtig heraus und legt euch noch mal so auf den Bauch. Wie fühlt sich das jetzt an? –

Was mag Pu wohl besser gefallen haben? Räkelt euch gut durch und dann erzählt es mir.

Eine Eutonieübung für Erwachsene

Am Anfang jeder Eutonie-Übung steht für mich die Wahrnehmung, das Für-wahr-Nehmen, wie ich im Moment bin. Die folgende Übung lädt ein auszuprobieren, was Wahrnehmung bewirkt. Ich habe eine Übung im Sitzen ausgewählt, die ohne große Vorbereitungen durchzuführen ist.

Setzen Sie sich aufrecht auf einen Stuhl. Die Füße sollten beide fest den Boden berühren. Wählen Sie eine bequeme Haltung für Ihre Arme, sodass Sie die Hände ablegen können. Sie können die Augen schließen oder offen lassen, je nachdem, was für Sie angenehmer ist.

Konzentrieren Sie sich jetzt einmal auf einen Fuß. Was spüren Sie? Den Strumpf, den Schuh, die Haut, den Boden, einzelne Partien des Fußes? Bewegen Sie den Fuß ruhig, damit er ihnen noch deutlicher wird. Dann lassen Sie den Fuß wieder ruhen. Können Sie wahrnehmen, wie viel Gewicht ihres Beines auf dem Fuß ruht?

Gehen Sie nun das Bein auf dieser Seite aufwärts. Nehmen Sie alles wahr, was Sie von Ihrem Unterschenkel spüren können, von der Wade, vom Schienbein. Nehmen Sie wahr, dass der Unterschenkel von Ihrem Fuß und über den Fuß vom Boden getragen wird. Gehen Sie nun Ihr Knie entlang. Wie fühlt es sich an? Wie viel Raum ist in der Kniekehle? Spüren Sie die Richtungsänderung der Kraft in ihrem Knie. – Gehen Sie dann genauso aufmerksam Ihren Oberschenkel entlang. Wo liegt er auf? Wie viel Gewicht wird vom Stuhl, wie viel vom Boden getragen?

Vergleichen Sie nun beide Beine. Gibt es Unterschiede? Nehmen Sie die evtl. Unterschiede einfach zur Kenntnis und beginnen Sie nun genauso sorgfältig mit Ihrem zweiten Bein (Anleitung wie beim ersten Bein).

Verlassen Sie nun die Beine und wenden Sie sich Ihrem Becken und Ihrem Gesäß zu. Womit berühren Sie den Sitz? Bewegen Sie sich ein wenig nach vorn und nach hinten. Können Sie Ihre Sitzhöcker, zwei knöcherne Erhebungen unter Ihrem Becken, spüren? Beobachten Sie einmal Ihre Wirbelsäule, wenn Sie vor, auf oder hinter Ihren Sitzhöckern sitzen.

Kommen Sie über Ihren Sitzhöckern zur Ruhe. Spüren Sie nun Ihren Rücken der Wirbelsäule entlang nach oben. Wie aufgerichtet sitzen Sie? Wie viel

Raum hat Ihre Atmung? Wandern Sie im Körper ein paar Mal auf- und abwärts. Nehmen Sie wahr, wie viel Gewicht Sie über die Sitzfläche an den Boden abgeben können. Nehmen Sie auch wahr, wie sich Ihr Becken und Ihre Wirbelsäule durch den Widerstand des Stuhles aufrichten.

Nehmen Sie jetzt Kontakt zu Ihren Schultern auf. Müssen Sie Ihre Schultern festhalten oder können Sie Ihre Schultern auch tragen lassen? Wovon?

Dann spüren Sie von einer Schulter aus zu einem Arm und einer Hand hin. Ist die Haltung gut? Wollen Sie den Arm etwas bewegen, um vielleicht noch eine bessere Haltung zu finden? Tun Sie dies ganz aufmerksam.

Schauen Sie nun, wie Sie Arm und Hand abgelegt haben. Wo berühren diese Ihren Körper? Wo lassen sie sich tragen? Wenn Sie bei den Fingerspitzen angekommen sind, vergleichen Sie die beiden Arme und wenden sich dann dem zweiten Arm mit der gleichen Aufmerksamkeit zu. (Anleitung Arm wiederholen.)

Gehen Sie jetzt über die Schultern, den Rücken noch einmal zurück bis zum Becken. Spüren Sie Ihre Sitzhöcker noch? Und noch weiter nach unten: Haben die Füße noch Kontakt zum Boden? Gehen Sie noch einmal von den Füßen aufwärts bis zum Becken, und vom Becken aus die Wirbelsäule entlang bis zum Kopf. Spüren Sie, wie Ihr Kopf auf der Wirbelsäule ruht. Wenn Sie mögen, bewegen Sie Ihren Kopf langsam in verschiedene Richtung und suchen dann wieder die Position, in der er am meisten getragen wird. Gehen Sie vom Nacken aus weiter nach oben bis zum Scheitelpunkt. Können Sie den freien Raum über sich spüren?

Nehmen Sie sich zum Abschluss ganz wahr – getragen und aufgerichtet vom Boden, ausgerichtet und frei nach oben. Verweilen Sie noch einen Moment und kommen Sie dann mit bewussten Bewegungen wieder in einen aktiveren Spannungszustand nach außen.

Yoga – Das Sonnengebet

Ich habe mich immer wieder mit Yoga beschäftigt, Kurse belegt, geübt. Übrig geblieben ist immer wieder das Sonnengebet, für mich *die* Yoga-Übung. Es gibt verschiedene Varianten von Surynamaska, dem Gruß an die Sonne. Es sind zyklische Abfolgen verschiedener Haltungen, die mit der Grußhaltung beginnen und enden, und am Morgen bei Sonnenaufgang geübt und gebetet werden. Obwohl ich mittlerweile einige Varianten übe, ist mir die erste, die ich gelernt habe, noch immer die liebste. In einem früheren Buch habe ich sie als Kinder-Übung beschrieben, hier möchte ich die Spanne von der Körperübung zum Gebet verdeutlichen. Zunächst gilt es, den Ablauf der Bewegungen zu lernen, und auch da, wo Bewegungen noch schwer fallen, die angestrebte Haltung im Blick zu behalten:

1. Aufrecht stehen, die Hände vor der Brust zur Grußhaltung zusammengelegt, der Scheitel zeigt zur Decke.
2. Die Arme sinken und werden im großen Bogen vor dem Körper nach oben geführt. Wenn die Arme neben den Ohren sind, nehmen sie Kopf und Rücken mit in eine sanfte Rückbeuge, der Blick geht zum Himmel.
3. Die Arme führen den Körper mit gestrecktem Rücken nach vorne, dann nachgeben, die Hände wollen mit der Handfläche zum Boden. Kopf und Oberkörper hängen, der Blick geht zu den Knien.
4. Wenn Sie noch nicht bis zum Boden gekommen sind, jetzt die Hände zum Boden bringen. Der rechte Fuß macht einen großen Schritt rückwärts, das Becken sinkt (evtl. mit dem rechten Knie auf dem Boden abstützen), Oberkörper und Kopf sind aufgerichtet, der Blick geht nach vorn/oben.
5. Der linke Fuß setzt sich neben den rechten Fuß, Fußflächen (als Ziel) auf dem Boden. Der Po geht nach oben, der Blick zum Bauchnabel hin, die Arme sind gestreckt.
6. Auf die Knie sinken, Po zurück auf die Unterschenkel. Füße ausstrecken.
7a. Mit Kinn und Brust so nah wie möglich am Boden zwischen den Armen durchtauchen, bis Sie auf dem Boden liegen.
7b. Füße wieder aufstellen, Kopf und Oberkörper aus der unteren Rückenmuskulatur aufrichten, mit den Armen nachstützen. Der Blick geht nach vorn/oben.
8. Sich mit Händen und Füßen hochdrücken und wieder in Haltung 5 kommen.
9. Den rechten Fuß nach vorn bringen, in Haltung 4, nur seitenvertauscht.
10. Den linken Fuß heranholen, Haltung 3.
11. Sich vom Boden aufrichten, im weiten Bogen in Haltung 2.
12. Die Arme wieder vor den Körper bringen, Haltung 1.

So weit der Ablauf. Er enthält mit den Rückbeugen und den Dehnungen einige Herausforderungen an einen ungeübten Körper und sollte deshalb mit großer Achtsamkeit geübt werden. Ehrgeiz ist nicht notwendig, da regelmäßiges Üben den Körper von ganz allein geschmeidiger und kräftiger werden lässt.

Am Anfang reichen schon drei bis fünf Wiederholungen, später können es auch zwanzig und mehr werden.

Wenn die Bewegung fließender wird, kann der Atem eingebunden werden und die Bewegung unterstützen. Achten Sie zunächst darauf, wie sich der Atem von selbst mit der Übung verbindet. Meist stimmt es schon von alleine: Die Haltungen 2, 4, 6, 7b, 9, 11 gehören zur Einatmung, die Haltungen 1, 3, 5, 7a, 8, 10, 12 zur Ausatmung. Die Bewegung 7a und 7b kann auch als eine fließende Bewegung geübt werden. Dies ist vor allem bei mehrfachem Wiederholen sinnvoll. Der Atemrhythmus bleibt oder ändert sich dann so, dass bei 7a/7b die Luft angehalten wird.

Je fließender und stimmiger Atem und Bewegungsablauf werden, umso mehr kann ich in der Übung ganz in mir sein. Manchmal entsteht dann von allein der Wunsch, die Stimmung in Worte zu fassen. Ich kann aber in jedem Übungsstadium das Gebet, die innere Haltung, die dieser Übung zugrundeliegt, aufgreifen und die einzelnen Haltungen zu Gebetsrufen mit und ohne Worte werden lassen. Dann treffen sich in dieser Übung Leibarbeit und Gebärde.

Der folgende Text ist als Beispiel gedacht, wie sich Haltung, Bewegung und Gebet verbinden können. Jede/r muss selbst spüren, was sich in den einzelnen Haltungen ausdrückt. Dies ist auch tagesabhängig, mal bin ich verzagt, mal unentschlossen, mal voller Dank, und entsprechend ändert sich mein Gebet.

1. Hier stehe ich, gesammelt, wach, bereit.
2. Ich öffne mich und strecke mich aus nach dem, der größer ist als ich.
3. Vor ihm verneige ich mich.
4. Ich schaue in den neuen Tag, erwartungsvoll.
5. Noch zögere ich den Schutz der Nacht zu verlassen.
6. Vor dir darf ich schwach sein.

7a. Du nimmst mich an, so wie ich bin.
7b. Richte mich auf und stärke mich.

8. Lass mich eine Brücke sein zwischen dir und der Welt.
9. Gib mir Kraft und Mut für diesen neuen Tag,
10. sodass ich mich aufrichten kann,
11. und empfangen, was das Leben mir schenkt.
12. Amen.

Literatur

Sebastian Painadath, Das Sonnengebet, München 2000

Bibliodrama

(Frauke Bürgers)

Geschichte und Gestalt

Zu Beginn der 1970er-Jahre entstand an verschiedenen Orten und durch verschiedene Personen geprägt das, was wir heute »Bibliodrama« nennen. Das alte Verkündigungsspiel, von christlichen Autoren geschrieben, war weitgehend nicht mehr existent; Spiel- und Interaktionsprozesse standen nun im Mittelpunkt der Gemeindepädagogik, und aus verschiedenen Elementen – Spielpädagogik, Körperarbeit, mimetisches Spiel, Befreiungstheologie und neuen Ansätzen zum Verstehen biblischer Texte – entstand das Bibliodrama, das Gerhard Marcel Martin wie folgt beschreibt: »Bibliodrama ist das offene Programm eines Interaktionsprozesses zwischen biblischer Überlieferung und zwölf bis maximal achtzehn Gruppenmitgliedern unter der Leitung von einem oder mehreren BibliodramatikerInnen. Es ist erfahrungs- und textorientiert ... Der Gesamtprozess eines Bibliodramas umfasst immer mehrere Arbeitseinheiten und dauert meist mehrere Tage. Der Ansatz ist in dem Sinne ›ganzheitlich‹, als körperbezogene, ästhetische und theologisch reflektierende Arbeit unabdingbare Elemente sind« (Martin, S. 9).

In der weiteren Entwicklung entstanden verschiedene Ansätze, die sich dadurch unterscheiden, dass sie verschiedene Schwerpunkte setzen – eher textorientiert oder spielpädagogisch oder seelsorgerlich oder psychodramatisch. Allen Ansätzen ist gleich, dass es in der bibliodramatischen Arbeit vier Phasen gibt:

1. Phase: Einführung in den Text

In dieser Phase geht es darum, den Text wahrzunehmen, im Text anzukommen, den Alltag hinter sich zu lassen und den Text in die Lebenswirklichkeit der Teilnehmenden sprechen zu lassen. Dies geschieht durch Körperarbeit, Hören und Lesen des Textes mit verschiedenen Methoden, durch Assoziation oder Imagination, im kreativen Gestalten, durch Musik.

2. Phase: Spiel

Nachdem die Teilnehmenden im Text angekommen sind, den Text wahrgenommen haben und dem Text und sich begegnet sind, wird der Text gespielt. Dies kann methodisch unterschiedlich geschehen: Stegreifspiel, Pantomime usw.

3. Phase: Gemeinsame Reflexion

Nach dem Spiel tauschen sich die Gruppenmitglieder aus. Es geht um die Wahrnehmung eigener und fremder Gefühle und Beobachtungen. Im Weiteren geht es um die Selbsterkenntnis im Text und eine erweiterte Texterkenntnis.

4. Phase: Spiritueller Abschluss

Der bibliodramatische Prozess wird durch ein Ritual abgeschlossen. Dieses nimmt Elemente des Textes auf und schließt den Prozess ab. Dies kann durch Lieder, Gebete, ein gemeinsames Essen usw. geschehen. Die Elemente des Rituals werden aus dem Text genommen.

Ursprünglich dauerte ein Bibliodramaprozess mit diesen vier Phasen eine Woche. Dies ermöglichte eine tiefe Texterkenntnis und eine Persönlichkeitsentwicklung auf der Grundlage der biblischen Botschaft. Heute werden vor allem Angebote gemacht, die ein Wochenende umfassen. Immer mehr wird aber auch von dieser »Großform« abgewichen, und Elemente des Bibliodramas finden sich in gemeindepädagogischen Angeboten (Gruppenarbeit, Predigtvorbereitungskreise, Kindergottesdiensttreffen) sowie in der Bildungsarbeit (Aus- und Fortbildung, Konfirmandenunterricht oder Schule).

Deutlich wird auch bei den »kleinen Angeboten«, dass das Bibliodrama mehr als nur eine Methode ist, sondern eine eigene Didaktik und Hermeneutik hat, die sich in verschiedenen Wirkungselementen zeigen.

Hinweise zur Aus- und Fortbildung

Wenn man Interesse am Bibliodrama gewonnen hat, ist es sinnvoll, sich in diesem Bereich weiterzubilden, indem man als Teilnehmende/r zunächst verschiedene Angebote besucht. Danach sollte man eine Fortbildung in diesem Bereich machen, damit man dies später selbst auch in der eigenen Praxis anwenden kann. Abzuraten ist davon, nur ein oder zwei Wochenenden zu besuchen und dann zu meinen, dass man Bibliodrama selbst anbieten kann. Viel von der Vielfalt und den Möglichkeiten des Bibliodramas gehen so verloren.

Fortbildungen werden von verschiedenen Anbietern angeboten, weitere Informationen bekommt man bei Erwachsenenbildungswerken, Pastoralkollegs, Pädagogischen Instituten oder anderen Fortbildungseinrichtungen. Außerdem gibt es auch Informationen bei der Gesellschaft für Bibliodrama (www.bibliodrama-gesellschaft.de).

Ich möchte keine besondere Schule oder Ausbildung empfehlen. Jede/r muss seinen/ihren eigenen Weg finden. Und dann heißt es, sich auf einen Weg einzulassen, ihn zu lernen, ihn in der Praxis auszuprobieren, immer wieder zu reflektieren und sich auch immer wieder von anderen bereichern zu lassen. Mir hat es besonders geholfen, für meine bibliodramatische Arbeit in Teams, mit Menschen anderer Profession und mit anderer Ausbildung, zu arbeiten und dabei weiter zu lernen.

Wirkungselemente des Bibliodramas

Im Bibliodrama gibt es sechs verschiedene Wirkungselemente, die die Didaktik und Hermeneutik des Bibliodramas ausmachen.

1. Verlangsamung des Rezeptionsprozesses

Wenn Menschen zu Seminaren oder anderen gemeindepädagogischen Angeboten kommen, kommen sie meist aus der Hektik des Alltags. Ich beobachte, dass gerade in den letzten Jahren der Zeitdruck auf die meisten Menschen deutlich größer geworden ist, und daher ist es zunächst eine Zumutung, dass im Bibliodrama verlangsamt gearbeitet wird. Dies verlangt auch von mir als Anleiterin, dass ich selbst mein Tempo verlangsame. Das bedeutet, nicht mit verschiedenen Methoden nur Zeit zu füllen, sondern eine Möglichkeit zu schaffen, ein- und innezuhalten. Nur so wird man dem biblischen Text gerecht und ermöglicht existenzielle Erfahrungen. Eine Verlangsamung ist daher keine Zeitverschwendung, sondern eine Wertschätzung der Zeit, des Textes und der Menschen, mit denen ich diese Zeit verbringe. Die Verlangsamung beginnt mit der einführenden Körper- und Leibarbeit.

2. Präsenz und Leiblichkeit

Bibliodrama ist ohne die Einbeziehung des Körpers, des Leibes nicht möglich. Im Leib kann sich der Text verkörpern. Dies geschieht einerseits durch angeleitete Körperarbeit, die ihre Schwerpunkte aus dem Text bekommt und so Bewegungen aus dem Text aufnimmt, und andererseits dadurch, dass Gefühle, Gedanken und Erkenntnisse, die im Laufe des Prozesses gewonnen werden, von den Teilnehmenden z.B. durch Skulpturenarbeit mit dem Körper gestaltet werden.

Der Körper hält uns so auch in der Präsenz: Mit unseren Gedanken können wir uns immer wieder aus dem Heute wegbewegen, aber der Körper hält uns im Hier und Jetzt und somit auch präsent. Körperarbeit bedeutet den Körper wahrzunehmen und in seinen Ausdrucksformen kennen zu lernen. Daher sollte Bibliodrama nur von Menschen angeleitet werden, die mit Freude Erfahrungen mit ihrem Leib machen und auch in diesem Bereich unbedingt eigene Erfahrungen haben müssen, z.B. durch Eutonie, Feldenkrais oder Chi Kung (Qi Gong).

3. Liebe zum biblischen Text

Der biblische Text erfährt genau in der Gestalt, wie er uns heute vorliegt, innerhalb des Bibliodramas seine Wertschätzung. Er ist die Autorität im bibliodramatischen Prozess. Er ist und gibt den Raum, in dem der Prozess stattfindet. Deshalb ist es wichtig, den Text sowohl in seiner Bekanntheit wie in seiner Fremdheit wahrzunehmen.

Gerade bei Gruppen, die durch ihr Vorwissen die biblischen Geschichten zu kennen meinen, ist mit Mitteln der Verlangsamung ein genaues Wahrnehmen des Textes notwendig. Es soll genau wahrgenommen werden, was dort steht, und nicht, was man glaubt, das dort stünde. Dies wird z. B. durch das »Gestaltende Abschreiben« (s.u.) möglich.

Zum anderen ist es notwendig, sich auch der Fremdheit der Texte zu stellen und sich so an ihnen zu reiben. Es besteht sonst die Gefahr, Texte zu schnell entweder auszuschließen, weil sie mir und meiner Theologie nicht passen, oder sie für mich zu vereinnahmen und ihnen so die Eigenständigkeit und mir zugleich die Möglichkeit einer Weiterentwicklung zu nehmen (vgl. dazu A. Rösener, Mit dem Fremden ringen. Zum Verhältnis von Eigenem und Fremdem im Bibliodrama, in: Naurath/Pohl-Patalong, S. 150ff.).

4. Die Lebenswirklichkeit und der Text

Der Bibeltext spricht auf diese Weise immer wieder in die Lebenswirklichkeit der Teilnehmenden und auch der Anleitenden hinein. Damit nimmt das Bibliodrama Elemente der Befreiungstheologie auf, in der auch die Texte in die konkrete Lebenswirklichkeit der Menschen gesprochen werden.

Die Teilnehmenden verbinden ihre Lebenssituation mit der Textaussage, indem sie z.B. im Spiel Rollen aus dem Text übernehmen. So war eine Erkenntnis in einem Vikarskurs zu der Geschichte von Lydia und Paulus, dass Verkündigung nur gelingen kann, wenn Paulus – also auch die Vikare/innen – sich in ihrer Verkündigung auf »Augenhöhe« mit Lydia begeben, ihre Fragen wahrnehmen und dass letztlich Gott der ist, der Lydia das Herz auftut. So werden die biblischen Texte im Heute lebendig und können Einfluss auf die Lebenswirklichkeit und Lebensgestalt der Teilnehmenden haben.

5. »Demokratisierung« der Auslegung

Ein weiteres Element ist, dass die Gruppe und der Text den Schwerpunkt des Prozesses und der Auslegung des Textes vorgeben. Der Text ist die Orientierungsgröße, der sich die Gruppe nähert. Dies bedeutet für die Anleitenden, dass nicht sie allein festlegen, wie der Text richtig auszulegen ist.

Viele Theologen/innen befürchten, dass die Auslegung dabei beliebig werden könnte. Die Auslegung wird so aber nur vielfältiger, mehrdimensionaler und kontextuell (vgl. dazu auch Textauslegungen in der Tradition der Befreiungstheologie, wie sie z.B. bei Ernesto Cardenal zu finden sind: »Die Bauern von Solentiname«). Außerdem stellt sich die Frage, inwieweit nicht auch die akademische Auslegung zeit- und kontextabhängig ist. Es bedeutet natürlich einen Autoritätsverlust dessen, der zu wissen meint, wie ein Text richtig auszulegen ist. Oberste Autorität wird vielmehr dem Text selbst zugesprochen (s.o.).

6. Ästhetische Dimension

Mit der ästhetischen Dimension des Bibliodramas ist (nach Warns/Fallner, S. 16f.) die nichtbegriffliche, gestaltende, sinnliche Wahrnehmung der textlichen und persönlichen »Webmuster« gemeint, also auch Körperausdruck, Gestik und Spiel, nicht nur die zielgerichtete Arbeit mit kreativen Medien (Farbe, Ton, Collage, Klang, Rhythmus, Metapher). Der Einsatz kreativer Medien ist mehr als nur Illustration oder mediale Beigabe, sondern erschließt Tiefenschichten des Textes und der eigenen Erfahrung mit ihm und gestaltet das Erschlossene »künstlerisch«. Diese Gestalt wird im anschließenden Gespräch mehrdimensional gedeutet. So lassen sich – für den Gestaltenden selbst, wie für die Gruppe – Ein- und Aussichten gewinnen, die zunächst nicht präsent waren.

Der Einsatz kreativer Elemente ist abhängig vom Muster des Textes: Wenn es dabei um »Hören« geht, wird mit Klang und Stimme gestaltet; wenn viele »Orte« vorkommen, legt sich die Gestaltung einer »Landkarte« mit Farben und Pinsel nahe, die sowohl das »Weltbild« des Textes eröffnet, als auch die innere Welt der Gestaltenden (vgl. Kiehn u.a., S. 58f.).

Beispiele und Einstiegsübungen

Es ist nicht ganz einfach, in Kurzform Methoden und Übungen aus dem Bibliodrama darzustellen, da die Methoden immer gruppen- und textabhängig sind. Trotzdem möchte ich drei Einstiegsmöglichkeiten in einen Text vorstellen, die sich in meiner bibliodramatischen Arbeit bewährt haben und die sich auch gut eignen zum Einstieg in die Arbeit mit biblischen Texten in Gruppen – dann sind es Elemente kreativer Bibelarbeit, aber kein Bibliodrama.

Wichtig bei diesen Methoden ist, sie für sich selbst erprobt zu haben, bevor man sie mit Gruppen durchführt.

Leitwortarbeit

Die Methode, die mit einem Leitwort des Textes arbeitet, eignet sich gut zum Einstieg in die Arbeit mit einem biblischen Text. Nachdem die Teilnehmenden durch Körperarbeit und andere Einstiegsmethoden angekommen sind, wird der Text vorgelesen. Dazu gibt es verschiedene Möglichkeiten, entweder liest der Anleitende den Text einfach vor oder der Text wird, wenn es mehrere AnleiterInnen gibt, mehrmals von verschiedenen Personen nacheinander oder im Kanon vorgelesen, d.h. einer fängt an, den Text in einer Ecke des Raumes zu lesen, der zweite setzt später ein und liest den Text in einer anderen Ecke des Raumes und die Teilnehmenden gehen herum und hören so den Text. Dieses »Kanon-Lesen« eignet sich besonders für bekannte Texte.

Nachdem so der Text mehrmals gehört worden ist, lesen die Teilnehmenden für sich den Text. Danach kann man den Text nochmals zu Gehör bringen, indem z.B. reihum der Text gelesen wird, und zwar von jedem/r so viel wie er/sie möchte. Es ist wichtig, sich so dem Text zu nähern und sich dabei Zeit zu lassen (Verlangsamung), um den Text wirklich wahrzunehmen, und zwar durch Hören und Lesen.

Danach werden die Teilnehmenden gebeten ein Wort oder einen Halbsatz zu unterstreichen, der sie anspricht. Dies soll spontan geschehen. Nachdem alle ihre Leitworte unterstrichen haben, werden die Teilnehmenden gebeten sich einen Platz im Raum zu suchen und dort eine Körperhaltung, eine Geste oder eine Bewegung zu diesem Leitwort zu finden, die zu ihnen und dem gewählten Wort passt. Dieser Schritt ist für manche Teilnehmenden ungewohnt. Eine gute Körperarbeit zu Beginn des Prozesses erleichtert ihn, ggf. kann man als Anleitende auch Beispiele von Körperhaltungen geben (die durch die Körperhaltungen ausgedrückten Worte sollten aber dann nicht aus dem hier vorgelegten Text kommen).

Mit diesen Körperhaltungen kann man nun in verschiedener Weise weiterarbeiten. Eine Möglichkeit ist, dass sich die Teilnehmenden zu Paaren zusammenfinden und sich ihre Körperhaltungen vorstellen: A geht in seine Haltung, B stellt diese nach und nennt seine Assoziationen, A sagt sein Leitwort als Abschluss. Danach wird gewechselt. Das Ziel ist, dass einerseits die Teilnehmenden assoziativ erste Rückmeldungen auf ihre Körperhaltung zu ihrem Leitwort bekommen und sich anderseits in ein anderes Leitwort einfinden können. Es ist auch möglich, dies mit der ganzen Gruppe zu machen, dabei ist aber darauf zu achten, dass nicht über die Körperhaltungen oder die Leitworte diskutiert wird.

Man kann diesen Schritt beenden, indem man sich mit allen Teilnehmenden in einen großen Kreis stellt und den Text nochmals langsam vorliest. Die Teilnehmenden werden gebeten, wenn ihr Leitwort vorkommt, in den Kreis zu treten und ihre Geste oder Bewegung zu stellen. Danach folgt eine Auswertung, bei der man sich darüber austauscht, wo für die Gruppe Schwerpunkte des Textes sind (wo kamen viele Bewegungen vor, welche Worte/Halbsätze, wurden mehrfach als Leitworte gewählt, Unterschiede in den Bewegungen bei gleichen Worten).

Im Bibliodramaprozess kann man danach mit den Bewegungen in ein Spiel gehen oder die Leitwortarbeit vertiefen, indem man gestaltend an den Bewegungen weiterarbeitet. Dies sind aber Vertiefungen, die nur mit Ausbildung und Erfahrung angeboten werden sollten.

Durchbewegen des Textes

Das Durchbewegen des Textes kann man immer dann einsetzen, wenn man eine Gruppe nach einer Gestaltung oder einer Auswertung wieder zum Text zurückführen will. Es bringt die Teilnehmenden wieder in Bewegung und wirkt außerdem belebend.

Der Anleitende liest den Text sehr langsam vor und bittet die Teilnehmenden alle Bewegungen des Textes für sich mitzumachen. Wichtig ist, dass man als Anleitender die Gruppe gut im Blick hat und langsam genug liest, damit es allen möglich ist, alle Bewegungen zu machen.

In der Auswertung kommt insbesondere die Struktur des Textes zur Sprache: Gibt es Hauptbewegungen im Text? Gab es häufigen Rollenwechsel? Wie viele Personen sind beteiligt? Gibt es eine Bewegungsrichtung im Text, z.B. von oben nach unten?

Diese Methode eignet sich auch gut zur Vorbereitung von Texten, auch für sich allein, z.B. zur Vorbereitung von Bibelarbeiten und Predigten. Sie erschließt die Struktur des Textes auf eine tiefere Weise als allein durch Nachdenken. Im Bibliodramaprozess kann nach dieser Methode z.B. das Spiel des Textes folgen.

Gestaltendes Abschreiben

Eine weitere Methode, sich dem Text zu nähern, ist das gestaltende Abschreiben. Hier werden die Teilnehmenden gebeten, entweder, je nach Länge des Textes, den ganzen Text oder auch nur einige Verse, die sie besonders ansprechen, gestaltend abzuschreiben. Gestaltend abschreiben meint, dass der Text mit verschiedenen Gestaltungsmöglichkeiten, in verschiedenen Farben, mit verschiedenen Stärken der Stifte, mit Farbe unterlegt, im Kreis oder anderen Formen abgeschrieben wird. Hilfreich ist es, ein kleines Beispiel selbst am Flipchart vorzumachen. Die Teilnehmenden kommen nach meiner Erfahrung dann auf ganz verschiedene kreative Lösungen. Die Auswertung geschieht in zwei Schritten:

- Der erste Schritt ist der Austausch in Paaren oder Kleingruppen. Die Abschriften werden einzeln wahrgenommen, indem die Gruppe den Text betrachtet und ihre Beobachtungen dem, der ihn geschrieben hat, mitteilt. Erst danach bekommt der/die Gestaltende das Wort und erklärt seine/ihre Abschrift.

- Im zweiten Schritt werden alle Texte auf dem Boden ausgelegt. Wenn alle den ganzen Text geschrieben haben, legt man die abgeschriebenen Texte nebeneinander, wenn nur verschiedene Teile gestaltet worden sind, wird der Text in seinem Ablauf ausgelegt. Dann gibt es normalerweise Teile, wo mehrere Abschriften nebeneinander liegen, und ggf. auch Teile, die ganz fehlen. Diese »Auslegung« des Textes wird von der Gruppe wahrgenommen und Beobachtungen ausgetauscht. Als Abschluss werden neue Texterkenntnisse gesammelt.

Literatur

Antje Kiehn u.a., Bibliodrama, Zürich 1987 (eine Aufsatzsammlung der »Väter und Mütter« des Bibliodramas und der Klassiker)

Gerhard Marcel Martin, Sachbuch Bibliodrama, Praxis und Theorie, Stuttgart u.a. 1995 (eine theologische Reflexion des Bibliodramas mit praktischen Beispielen)

Elisabeth Naurath / Uta Pohl-Patalong, Bibliodrama, Theorie – Praxis – Reflexion, Stuttgart 2002 (Aufsatzsammlung zu verschiedenen aktuellen Fragestellungen des Bibliodramas in der Praxis)

Else Natalie Warns / Heinrich Fallner, Bibliodrama als Prozess, Berlin 1994 (Methodenbuch einer der verschiedenen Schulen)

Außerdem gibt es noch folgende Zeitschrift:

Textraum – Bibliodrama Information, hrsg. v. der Gesellschaft für Bibliodrama e.V. (www.bibliodrama-gesellschaft.de)

Frauke Bürgers, Grundschullehrerin, Sozial- und Gemeindepädagogin. Fortbildung im Bereich Bibliodrama. Als Studienleiterin der Ökumenischen Werkstatt, Wuppertal, im Bereich außerschulische Bildungsarbeit und Erwachsenenbildung tätig.

➤ Über Kurse und Fortbildungen von Gerda und Rüdiger Maschwitz können Sie sich informieren unter

www.wege-der-stille.de